Eva Steffen (Hg.)

WIR SIND GEKOMMEN, UM ZU BLEIBEN

GEGRÜNDET
1999

Eva Steffen (Hg.)

WIR SIND GEKOMMEN, UM ZU BLEIBEN

Czernin Verlag, Wien

Steffen, Eva (Hg.): Wir sind gekommen, um zu bleiben / Eva Steffen (Hg.)
Wien: Czernin Verlag 2009
ISBN 978-3-7076-0305-7

Umschlaggestaltung: sensomatic
Satz: Inge Mayer
Druck: Druckerei Theiss GmbH, A-9431 St. Stefan
ISBN 978-3-7076-0305-7

Inhaltsverzeichnis

Vorwort

Ein bekannter österreichischer Journalist meinte, als ich ihm von *Wir sind gekommen, um zu bleiben* erzählte, nur: „Das Thema ist doch längst durch!" Rein gefühlsmäßig musste ich ihm widersprechen. Und auch die Fakten sprechen für mich und damit für das vorliegende Buch: Im letzten Jahr erschien die Studie „Die Deutschen kommen" des Österreichischen Integrationsfonds. Die Tatsache, dass die Deutschen mittlerweile die zweitgrößte Einwanderergruppe (vor den Serben und Montenegrinern) sind, hat offenbar den Ausschlag gegeben, die „Piefkes" zum Thema eines ganzen Heftes zu machen. Gleich der erste Beitrag in diesem Buch beschäftigt sich mit den – teilweise überraschenden – Zahlen dieser Publikation.

Auch die österreichischen Medien greifen das Verhältnis zwischen Deutschen und Österreichern immer wieder gerne auf. Und zwar so unterschiedlich motiviert, dass das spezifische Gefühlsspektrum des deutschen Lesers voll auf seine Kosten kommt, von Zeitung in der Luft zerfetzen bis Tränen des Endlich-Verstandenwerdens weinen. Ersteres passiert beim Anblick des Falter-Covers zum EM-Halbfinale 2008 – Spanien, Tschechien, die Türkei und Deutschland waren noch dabei –, auf dem spanische, tschechische und türkische Fans zu sehen waren, darüber die Zeile „Einer dieser vier gewinnt". Sehr witzig, Herr Chefredakteur Thurnher. Zweiteres passiert beim Lesen der Interview-Aussage des österreichischen Regisseurs Martin Kušej, man bade in Deutschland fast lustvoll im Täterbewusstsein, während man in Österreich die NS-Zeit verdränge: „Die Politik und die Medien nehmen einfach ihre Kontrollfunktion sehr ernst und haben das Land, meiner Meinung nach, zum liberalsten und freiesten der Welt gemacht. Bei so genannten ‚NS-Versprechern', die in Österreich in den seltensten Fällen wirklich zu Konsequenzen führen, wird in Deutschland sehr schnell und sehr massiv reagiert. Das finde ich toll. Dass in Deutschland dennoch so ein massiver Block von Neonazis auftaucht und diese Gesellschaft die Meinungsfreiheit auch ihnen angedeihen lässt, ist fast unerträglich, aber beeindruckend. Ich tu mir schwer zu sehen, wie diese braunen Lumpen von der Polizei beschützt werden, aber natürlich ist das richtig."

Wenn man jedes einzelne Schuljahr mit einer Kurzgeschichte von Wolfgang Borchert oder einem Gedicht von Günter Eich begonnen hat, und zwar nicht nur in einem Fach, wenn man die meiste Zeit seiner Jugend nicht mit Lernen, sondern Diskutieren verbracht hat, dann hat man die demokratischen Werte und ein kritisches Bewusstsein dermaßen verinnerlicht, dass einen bei dem hiesigen Umgang mit der Vergangenheit regelmäßig das Verlangen überkommt, sofort und auf der Stelle wieder auszuwandern.

Von all den anderen Zeitungsartikeln, die in regelmäßigen Abständen die österreichischen und deutschen Gemüter erhitzen – österreichische und deutsche Ski-Kommentatoren, Verständigungsprobleme, Werte, Arbeitseinstellung – soll hier gar nicht die Rede sein. Fest steht: Das Thema wird aktuell bleiben, solange es eine Binnenwanderung innerhalb dieses deutschsprachigen Gebietes, dieser beiden Staaten gibt, die eine gemeinsame Geschichte und eine gemeinsame Sprache und sonst genug nicht gemeinsam haben.

Gerüchteweise entstand die Idee zu vorliegendem Titel, als eine in Österreich lebende deutsche Autorin (auch dieses Buches) von ihrer Nachbarin am Telefon und in Anwesenheit des Verlegers dieses Verlages als „Nazi" beschimpft wurde, weil sie ihr Auto ein paar Zentimeter zu weit aus ihrem Grundstück hatte herausragen lassen. Das ist freilich witzig und nichts anderes als paradox, weil es natürlich typisch deutsch ist, sich über ein falsch geparktes Auto derart aufregen zu können.

Wie sehr das besondere Verhältnis zumindest auf deutscher Seite ein Thema ist, bestätigte mir letztgültig die Tatsache, dass ungefähr 90 Prozent der angefragten Autoren zusagten, einen Beitrag für das Buch zu schreiben. Die Reaktionen reichten dabei von „Ha, sofort!" über „Bin ich Ihnen denn deutsch genug?" bis hin zu „Muss gleich zur Posaunenstunde. Anbei mein Text" (zwei Stunden nach der Anfrage).

Versammelt sind im vorliegenden Band Beiträge von Deutschen, die irgendwann nach Österreich „übersiedelt" sind, Österreichern, die in Deutschland aufgewachsen und dann zurückgekommen sind, und deutschen Staatsbürgern, die in Österreich aufgewachsen und geblieben sind. Denn auch die Herkunft der Eltern prägt. Und worauf es letztendlich ankommt, ist das unverwechselbare, einzigartige Gefühl, deutsch in Österreich zu sein. Das ergänzt die Erfahrungswelt eines jeden Migranten von irgendwoher nach irgendwohin auf seine eigene Art und Weise immens.

Nationalstolz entsteht oft erst im Ausland, so geht es auch und vor allem den Deutschen in Österreich. Beispiel Sarah Wiener: „Ich fühle mich aus purem Patriotismus und aus Widerspruchsgeist etwas mehr als Deutsche – solange ich in Österreich bin. In Deutschland ist das oft genau umgekehrt." Österreichischer Patriotismus zeigt sich auch in der Antwort des Regisseurs Stefan Ruzowitzky auf eine Anfrage zu einer Beteiligung an diesem Buch: „Ich bin gebürtiger Wiener (Wilhelminenspital, Weihnachtsbaby des Jahres 1961) und war mit meinen Eltern nach Deutschland gekommen, um *nicht* dort zu bleiben. Zehn Jahre Kindheit und Jugend in Deutschland haben mich sicherlich nachhaltig geprägt – dennoch lege ich schon Wert darauf, echter Österreicher, echter Wiener mit genetisch starkem Oberösterreicheinschlag zu sein. Tut mir leid, aber Exildeutscher bin ich wirklich nicht!"

Die Einzigartigkeit des gefühlten Deutschseins in diesem Land manifestiert sich in den Themen, die von den Beitragsschreiberinnen und Beitragsschreibern gewählt wurden: Klassengesellschaft, Kunstsinnigkeit, Wirtshaus, Wein, Phlegma, Arroganz, Titelverliebtheit, Kommunikation u. s. w. Darunter viele Themen, die immer wieder auftauchen, ohne dass sie eigentlicher Gegenstand des Beitrags wären: Opferthese, Rassismus, Minderwertigkeitskomplex, die Geschichte (Kaisertum, k. u. k., Republik, Sozialdemokratie, Bürgerkrieg, austrofaschistischer Ständestaat, Anschluss – vom deutschen Einwandernden teilweise erst mühsam erlernt und vor allem verstanden) sowie das damit einhergehende, immer präsente Bewusstsein des großen gewesenen Kaiserreichs, Medizinstudentinnen und -studenten, der Vergleich Wien – Berlin, Pünktchens Dackel Piefke, und immer wieder die Sprache. Die gemeinsame, die uns trennt. Ob der zugrunde liegende Spruch nun wirklich von Kraus stammt oder nicht, muss in diesem Rahmen unbeantwortet bleiben. Wer weiß, was er alles so gesagt und nicht aufgeschrieben hat? Oder hat er doch?

Natürlich fehlen ein paar wichtige Deutsche in diesem Buch. Ersatzhalber seien hier einige Zitate angeführt: „Ich sage immer, dass Kitzbühel ein Vorort von München ist." (Franz Beckenbauer) „Die Steuergesetze in Österreich sind einfach etwas simpler." (Ralf Schumacher) „Gott sei Dank erscheint die Nationalhymne auf der Anzeigentafel und am Anfang schau ich halt dort hin!" (Steffen Hofmann). So viel aus dem sportlichen Eck, das sollte genügen.

Eine Österreicherin, ein Österreicher machte vermutlich anderes zum Thema, dächte sie oder er an Deutsche in Österreich: wie sie sich aufgeführt haben, damals, als sie in dicken Autos nach Kärnten fuhren, als sie die Erfolgreichen waren, wirtschaftlich und im Fußball sowieso, als der Schilling noch an die D-Mark gebunden war.

Doch Österreich hat nachgezogen; Wachstumsraten, Export, Arbeitslosenquote – das Stichwort kleiner Bruder scheint nur noch auf die Größe des Landes zuzutreffen. Während es in Deutschland nach einem kurzen Hoch infolge der Wiedervereinigung zu einer wirtschaftlichen Stagnation kam, die bis heute anhält, wurde Österreich sehr erfolgreich, nicht zuletzt im Zusammenhang mit dem in den eigenen Reihen gern kritisierten EU-Beitritt und der Osterweiterung in unmittelbarer Nachbarschaft. Gemessen am Bruttoinlandsprodukt pro Kopf liegt Österreich weltweit (!) an zehnter Stelle. Kein Wunder also, dass immer mehr Deutsche das (gar nicht so) Weite und in Österreich ihr Glück suchen. Aber natürlich gibt es auch genug Österreicher, die nach Deutschland gehen und mitunter sogar dort bleiben. Wie beliebt die „Ösis" bei den „Piefkes" sind, lässt sich in dem letzten Beitrag in diesem Buch, dem „Gegenbeitrag" einer in Berlin lebenden Wienerin, nachlesen.

Oft wurde die Kritik an mich herangetragen, das könne man so nicht sagen. Österreich, Deutschland. Jede Stadt sei doch anders. Klar, jeder Kontinent unterscheidet sich vom anderen, jedes Land vom anderen, jedes Bundesland (so vorhanden) vom anderen, jede Stadt von der anderen, jeder Stadtteil vom anderen. Aber darum soll es eben nicht (nur) gehen. Vieles hat mit folgender Tatsache zu tun: Zum ersten Mal hatte ich dieses Gefühl, als ich während meines Studiums ein Praktikum in New York absolvierte. Ich fühlte mich heimisch, vieles funktionierte so wie daheim in Deutschland, mit der Sprache war ich seit Jahren gut vertraut. Und den Rest, die Bilder kannte man aus amerikanischen Filmen. Kein Grund also, sich auf irgendeine Weise orientierungslos zu fühlen. Und trotzdem schlich sich Tag um Tag, Woche um Woche, Monat um Monat zunehmend das Gefühl ein, fremd zu sein, so viele Codes nicht zu verstehen. Da war er, der Kulturschock, verzögert und unerwartet. Weil zu vieles vertraut gewesen war, überraschend. War ich nach Russland, Asien, Südamerika gefahren, hatte ich davor gewusst, wusste währenddessen und danach: andere Kultur, andere Bräuche, Kulturschock, sicher. Und auch jetzt weiß ich: Je ähnlicher ein Land dem anderen ist, desto schleichender ist der Kulturschock. Dementsprechend spät setzte er in Österreich ein, überfällt er mich auch jetzt immer wieder hinterrücks.

Denn schon Hugo von Hofmannsthal wusste, was ich nicht gewusst hatte und nun weiß:

„Der Preuße: Unvergleichlich in der geordneten Durchführung. Handelt nach Vorschrift. Stärke der Dialektik. Größere Gewandtheit des Ausdrucks. Mehr Konsequenz. Selbstgefühl. Behauptet und rechtfertigt sich selbst. Selbstgerecht, anmaßend, schulmeisterlich. Drängt zu Krisen. Unfähigkeit, sich in andere hineinzudenken. Gewollter Charakter. Streberei.

Der Österreicher: Traditionelle Gesinnung, stabil fast durch Jahrhunderte. Rascher in der Auffassung. Mehr Balance. Mehr Fähigkeit, sich im Dasein zurechtzufinden. Selbstironie. Scheinbar unmündig. Bleibt lieber im Unklaren. Weicht den Krisen aus. Hineindenken in andere bis zur Charakterlosigkeit. Schauspielerei. Genusssucht. Ironie bis zur Auflösung."

(aus: Hugo von Hofmannsthal, *Der Preuße und der Österreicher*, 1917)

Und so komme auch ich jeden Tag ein bisschen mehr hier an. Ich habe aufgehört mit sprachlichen Assimilierungsversuchen. Ich bleibe an roten Ampeln nicht mehr zwangsläufig stehen. Wie auch nicht mehr zwangsläufig bei einem „Nein". Längst habe ich den deutschen Aktionismus abgelegt und die hiesige Geschwindigkeit angenommen. Und glücklicherweise auch die damit einhergehende Effizienz. Ich habe begriffen, dass das österreichische Gesundheitssystem – sagen wir – anders ist und versuche, im Falle einer nahenden Krankheit oder eines schmerzenden Zahnes noch irgendwie über die Grenze zu kommen. Freundschaft ist anders definiert, was kein Problem ist, hat man erst begriffen, dass es lediglich eine Frage der Terminologie ist. Ich beobachte mich beim Herauskramen alter Charakterzüge, Stichwort Sparsamkeit, wenn ich in Deutschland unterwegs bin. Ich habe voller Dankbarkeit essen und kochen gelernt. Das schnelle „Du" kommt mir so leicht von den Lippen wie die „Lieben Grüße" unter einem Mail von den Fingern. Ein Installateur repariert mir an einem Sonntag in kürzester Zeit, ganz günstig und nicht ganz offiziell das kaputte Heizungsrohr. (Da wusste ich dann, dass ich es wirklich geschafft hatte.) Ich habe verstanden, dass es hier nicht rufschädigend ist, wenn man betrunken gegen eine Wand läuft und wochenlang mit den Spuren im Gesicht herumläuft.

Ich zumindest bin gekommen, um zu bleiben. Und um herauszufinden, in welchem Kaffeehaus man ungestört arbeiten kann. Um nur dieses erste Mal auf einer Kreuzung mit Autoampel auf den Zebrastreifen hereinzufallen. Um das Bestellen bei einem Kellner zu begreifen. Um nicht mehr beleidigt zu sein, wenn ich versetzt werde. Um warten zu lernen. Um die Regeln Österreichs kennenzulernen.

Gedankt sei an dieser Stelle der Band Wir sind Helden, die uns für den Buchtitel den Titel eines ihrer Lieder geliehen hat.

„Wir gehen nicht, aber wenn wir gehen,
dann gehen wir in Scheiben
Entschuldigung, aber ich sagte:
Wir sind gekommen um zu bleiben.

Gekommen um zu bleiben
Wir gehen nicht mehr weg
Gekommen um zu bleiben
Wie ein perfekter Fleck."

(Aus: Wir sind Helden, *Gekommen um zu bleiben)*

Eva Steffen, Wien, September 2009

Zitate

Martin Kušej: aus einem Interview für *profil* am 10. 11. 2008
Sarah Wiener: aus einem Interview für *Integration im Fokus,* Ausgabe 4/2008
Franz Beckenbauer: aus einem Interview für *persönlich* im Oktober 2005
Ralf Schumacher: aus einem Interview für *Motorsport total* am 21. 6. 2001
Steffen Hofmann: aus einem Interview für den ÖFB im Juli 2005

Jetzt bloß nicht ausrasten!

Christopher Wurmdobler über den Integrationsunwillen der deutschen Wiener

Im Wienerischen gibt es offenbar keine Bezeichnung für den Zustand des Glücklichseins. Zumindest kann man echte Wienerinnen und Wiener ganz schön in Verlegenheit bringen, wenn man sie danach fragt. Angetrunken sein („fett"), fett sein („blad"), etwas hässlich oder richtig unangenehm finden, dafür hat man in der Hauptstadt eine Menge Worte: jammern, schimpfen und sudern galore! Regelmäßig erregt man sich über unverschämte Kunden, schlimme Rad- oder Autofahrer (je nachdem), Eltern mit Kindern, Hundebesitzer ohne Gackerlsackerl und öffentliche Verkehrsmittel sowieso. Oder über die Ausländer. Und immer öfter schimpft man über die Deutschen. Die werden nämlich in Wien – und dem Rest von Österreich – immer mehr.

Mit Stichtag 1.1.2009 waren in Wien 40 382 deutsche Staatsangehörige mit Haupt- oder Nebenwohnsitz gemeldet. Dazu kommen noch 36 obdachlose Bundesbürger, ja, die gibt's auch, ordentlich behördlich erfasst. Insgesamt sind das so viele wie das niederösterreichische Wiener Neustadt Einwohner hat; mehr als der erste und der achte Bezirk zusammen. Falls Sie Österreicher sind, bekommen Sie es bereits mit der Angst zu tun?

Die Deutschen in Wien sind jedenfalls kein Grüppchen mehr, sie fallen auf. Sie sitzen bei Billa an der Kasse oder kellnern im Kaffeehaus. Sie sind Fachärztin oder Pfleger im Spital – und prompt wird professionelle Genauigkeit als Störfaktor empfunden. Auch der smarte Uniwissenschaftler kommt aus Deutschland, so wie die Studentin – und alle nehmen sie natürlich „uns Österreichern" den Arbeits- oder Studienplatz weg. Hallo? Das gehört halt zu Europa. Vielleicht machen Deutsche ja einfach ihren Job besser, sind qualifizierter, fleißiger oder schlauer. Und sehen besser aus.

Der Meidlinger Kaffeehauskellner mit deutscher Herkunftskultur, der „Melange“ wie „Belange“ ausspricht, statt „Melasch“ zu sagen, ist sicher nur eine ganz böse urbane Legende.

„Die Deutschen“ sind natürlich ebenso Klischee wie „die Wiener“ oder „die Türken“. Vor den Türken machen die Migranten aus Deutschland in Wien übrigens mittlerweile die zweitgrößte Einwanderergruppe aus, auf Platz eins: Ex-Jugos. Die Deutschen sind die Akkuraten. Sie nerven mit den drei Ps (Pingeligkeit, Pünktlichkeit & Piefkenesisch), der Die-oder-das-Cola-Diskussion, und sie wollen partout nicht verstehen, dass Wienerisch kein Dialekt, sondern eine eigene Sprache ist. Die Deutschen sagen Stuhl, wenn sie Sessel meinen, Schrank statt Kasten. Man geht hoch statt hinauf, was anderes kommt gar nicht in die Tüte, pardon ins Sackerl. Wenn Deutsche ausrasten (was selten vorkommt), dann machen sie kein Nickerchen, sondern eher das Gegenteil. Und über Ribisel und Powidl lachen sie sich scheckig, wenn sie beim Marmeladenkönig Staud am hippen Yppenplatz in der Schlange stehen. We say Tomate, you say Paradeiser!

Wer sich als Deutscher in Wien unbeliebt machen möchte, sollte sich sowieso öffentlich und lautstark über lokale Eigenheiten wundern. Die sicherste Methode ist, vermeintliche Schlampigkeiten anzuprangern, die Behäbigkeit von Servicekräften, die Unfreundlichkeit von Schalterpersonal nicht als gegeben hinzunehmen. Riecht's hier irgendwo nach Klugscheiße? Voilà, der Deutsche tritt ganz bestimmt hinein! Das wird er sich auch nicht abgewöhnen. Und ist die Ösi-Piefke-Kiste erst einmal geöffnet, gibt es sowieso kein Halten mehr.

„Richtig deutsch“ zu lernen, mit diesem Hinweis beißen Grantler und Rassisten bei Deutschen naturgemäß auf Eichenholz. Also beklagt sich der Wiener, dass die Deutschen keinen lokalen Dialekt sprechen respektive verstehen – und hasst leidenschaftlich.

Die Schadenfreude über die Niederlage im Finale (!) der Fußball-EM 2008 in Wien war unverhohlen. Sogar Deutsche, denen Nationalstolz sonst fremd ist, spazierten schwarz-rot-gold geschmückt durch die Stadt: Hallo, wir sind Vizeeuropameister! Aber nur Vize, ätschten die Wiener und machten eine lange Nase. Deutsche sind nicht nur besser im Fußball, sie sind – zumindest in Wien – überdurchschnittlich gut gebildet. Fast die Hälfte der Migranten aus Deutschland hat Abitur, 28 Prozent einen Hochschulabschluss. Der österreichische Schnitt liegt bei 23 Prozent Matura und neun Prozent Uniabschluss. Deutsche haben hier gute Jobs, oft in Führungspositionen. Gastronomie-Hotellerie ist dabei nur marginal, selbst wenn vor einigen Jahren deutsches Skihüttenpersonal ein großer Aufreger war. Die Meisten arbeiten im Handel und im Gesundheitsbereich. Und sie sind jünger: 2007 waren 43 Prozent der deutschen Zuwanderer unter 29, weitere 28 Prozent zwischen 30 und 44 Jahren.

Vorbei sind die Zeiten, als es Deutsche nach Wien zog, weil hier der oder die Liebste lebte. Weil die Stadt so herrlich ostblockig, so unaufgeregt metropolig war oder Thomas Bernhard an der Burg so bizarr leidenschaftlich ausgebuht wurde. Oder einfach, weil der Chef beschlossen hatte, einen Fuß in der Tür nach Osteuropa haben zu wollen. Denen, die in den letzten Jahren gekommen sind, geht es nicht um Geschlechtsverkehr mit Einheimischen, Wiener Charme, Thomas Bernhard und resopalverkleidete Vorstadtwirtshäuser voll mit resoluten Schnitzelbraterinnen. Sie wollen einen Job oder einen Studienplatz, keinen Freundeskreis. Dass es dazu noch eine der schönsten Städte der Welt als Draufgabe gibt, ist eher Nebensache. Aber es hätte ebenso Zürich sein können. Oder Gelsenkirchen. Und das ist wahrscheinlich genau das Problem.

Deutsche sind nicht integrierbar. Studierende bleiben in Wien lieber unter sich – und imitieren damit übrigens das Verhalten ihrer Studienkollegen aus den Bundesländern, die ebenfalls neu in Wien sind. Wahrscheinlich macht es die gemeinsame Sprache nicht einfacher, kulturelle Unterschiede zu entdecken.

Die Wiener machen es den Deutschen aber auch nicht leicht. Dabei geben sich die Neuen doch so viel Mühe, sie zu verstehen. Auf Onlineplattformen gründen sie Foren, fragen einander Sachen wie: „Wer kennt eigentlich den Ausdruck, ‚leiwand'?" Sie kichern und erzählen einander, was sie nach Wien verschlagen hat. „Was man von Wien gesehen haben sollte", heißt ein Thread in einem Deutschenforum. Mit Gründlichkeit werden Wien-Anfängern Republikausstellung, Rathaus und Josef Hader ans Herz gelegt. Wie nett. Wie interessiert. Aber das war's dann auch schon. Deutsche machen hier ihr eigenes Ding. Feiern ihre eigenen Clubs, nennen sie selbstbewusst

„Piefke-Partys" und bringen den Hamburger Kiez samt Astra-Bier und DJ von der Elbe an den Donaukanal.

Die Deutschen haben die Stadt längst übernommen – zum Beispiel im Kulturbetrieb. Burgtheater, Schauspielhaus, Tanzquartier, Wiener Festwochen, brut-Theater, Volksoper sind fest in deutscher Hand. Der Duisburger Dirk Stermann lacht aus dem staatlichen Fernsehen, deutsche Schauspieler geben dort in schlechten Vorabendkrimiserien Wiener Ermittler. Deutsche arbeiten in Werbeagenturen, Bank- und Medienhäusern, sie zeichnen lustige Witze und sind Hoteldirektorin oder Modeprofessor an der Kunstuni. Wieso wählen sich die 40.382 Neu-Wiener keinen eigenen Bürgermeister? Wiener Neustadt hat doch auch einen!

Deutsche bringen Wien weiter. Sie sind urban, Neuem gegenüber aufgeschlossen; hätten sie sich sonst auf den weiten Weg hierher gemacht? Sie kennen nicht die Scheu der Alteingesessenen vor bestimmten Grätzeln oder Wohnbezirken, die aus irgendwelchen Gründen pfui sind oder gerade nicht so angesagt. Sie wohnen in Wien Landstraße (der Bezirk mit den meisten Deutschen) oder an der Peripherie in Heiligenstadt (sprechen es wie ein Heilbad an der Ostseeküste aus) und finden es toll dort. Sie nehmen sich einfach die Stadt, so wie andere Migrantengruppen es auch machen sollten. Deutsche leben, studieren, arbeiten hier. Sie lassen sich nicht alles gefallen, kaufen samstags auf Bauernmärkten in der Vorstadt ein, besuchen Lokale, die dann plötzlich bei Wienern schick sind. Sie frequentieren mit einer Lust Kaffeehäuser, während Einheimische noch deren Verlust beheulen. Und sie sagen natürlich nicht „Melange" wie „Belange", sondern brav „Melasch".

Sonst brauchen sie keine Wiener Worte. Auch nicht das fürs Glücklichsein (falls es das eventuell doch gibt). Sie sind es hier einfach und bleiben es. Glücklich nämlich, unintegrierbar glücklich.

Christopher Wurmdobler, geboren 1965 im Schwarzwald, am Bodensee aufgewachsen, hat einen hessischen Abschluss in angewandter Theaterwissenschaft und lebt seit 1989 teilweise, seit 1996 ausschließlich in Österreich. Er ist leitender Redakteur bei der Wiener

Wochenzeitung *Falter,* wo er seinen österreichischen Kollegen regelmäßig „Tomaten“ und „Kartoffeln“ aus ihren Texten redigiert. Im Frühjahr 2009 erschien eine *Falter*-Covergeschichte Christopher Wurmdoblers zum Thema „Deutsche in Wien“ mit dem Titel: „Integration? Nee danke!“

Der Amtshelfer

Oliver Lehmann über die Einbürgerung

Jetzt ist es aber echt gut. Ich musste nicht erst kommen, um zu bleiben: Ich bin in Wien geboren, zur Schule gegangen, hab hier geheiratet, Kinder gekriegt. Wäre ich nicht in pubertierenden Sommern zur englischen Verwandtschaft ausgelagert worden, hätte ich nicht vier Jahre in Hamburg gearbeitet (was soll man da sonst auch machen), würde der Aktionsradius meines bisherigen Lebens dem eines durchschnittlichen Wieners meines Jahrgangs entsprechen: Ich lebe heute rund 1000 Meter Luftlinie von jener Wohnung entfernt, in der ich auf der anderen Seite des Stadtparks aufgewachsen bin. Warum also gebe ich die deutsche Staatsbürgerschaft nicht auf? Warum werde ich nicht endlich Österreicher?

Lassen wir es drauf ankommen. Auf www.help.gv.at („Ihr offizieller Amtshelfer für Österreich" – das Rechtschreibprogramm markiert „Amtshelfer" rot unterstrichen als Fehler, der Duden erläutert: „österr. für Leitfaden für Behördenwege". Oder ist das jetzt sehr deutsch von mir?), auf www.help.gv.at also finde ich die Informationen zum „Erwerb der österreichischen Staatsbürgerschaft". Am Ende der Seite lockt ein Link: „Hier könnte Ihr Werbebanner aufscheinen." Wofür mag man hier werben wollen? Vielleicht für eine antiquarische Ausgabe von Friedrich Heers „Kampf um die österreichische Identität" von 1981, dessen allererster Satz lautet: „Es gibt kein geschichtliches Gebilde in Europa, dessen Existenz so sehr mit den Identitätsproblemen seiner Mitglieder verbunden ist wie Österreich." Nein, so an die Sache heranzugehen, wäre wirklich zu deutsch. Halte ich mich also an die Vorschrift.

Für mich relevant sind die Informationen zum Erwerb der Staatsbürgerschaft durch „Verleihung", mit „Abstammung" kann ich nicht dienen. „Zur Verleihung müssen in jedem Fall die allgemeinen Einbürgerungsvoraussetzungen erfüllt sein." Die da sind:

Erstens: „Mindestens zehnjähriger rechtmäßiger und ununterbrochener Aufenthalt in Österreich, davon mindestens fünfjährige Niederlassungsbewilligung". Das ist zwar kein deutscher Satz, die Niederlassungsbewilligung kann ich trotzdem nicht vorweisen. Aber „für EU-Bürgerinnen (...), die sich bereits vor dem 1. Jänner 2006 rechtmäßig in Österreich niedergelassen haben und nach dem Meldegesetz gemeldet sind, gilt die aufrechte Meldung als Anmeldebescheinigung". Glück gehabt. Was aber, wenn ich nicht ordentlich gemeldet wäre? Wenn mein Vermieter den Meldezettel schlampig ausgefüllt hätte? Wenn ich mich erst am 2. Jänner 2006 rechtmäßig in Österreich niedergelassen hätte? Käme ich dann in Schubhaft? Mit oder ohne Kinder?

Zweitens: „Unbescholtenheit". Also „keine gerichtlichen Verurteilungen und kein anhängiges Strafverfahren (sowohl im In- als auch im Ausland)". Sowie „keine schwer wiegenden Verwaltungsübertretungen mit besonderem Unrechtsgehalt". Kein Problem, die Punkte in Flensburg sind getilgt.

Drittens: „Hinreichend gesicherter Lebensunterhalt". Der besteht aus dem „Nachweis fester und regelmäßiger eigener Einkünfte aus Erwerb, Einkommen, gesetzlichen Unterhaltsansprüchen oder Versicherungsleistungen für die letzten drei Jahre zum Entscheidungszeitpunkt". Erstaunlicherweise wird kein Mindestbetrag angegeben. Aber die nächste Gesetzesnovelle kommt bestimmt. An Gebühren werden aber sowieso mindestens 700 Euro fällig.

Viertens: „Deutschkenntnisse und Grundkenntnisse der demokratischen Ordnung, Geschichte Österreichs und des jeweiligen Bundeslandes", nachzuweisen durch eine „Staatsbürgerschaftsprüfung". Immerhin: Der „Nachweis der Kenntnis der deutschen Sprache" wird mir wegen meines hiesigen Schulbesuchs erlassen.

Wie wird mein Wissen über die „demokratische Ordnung Österreichs" überprüft? Damit zum Beispiel: „Wen binden Gleichheitsgrundsätze und Diskriminierungsverbote?" Antwort: „Gleichheitsgrundsätze und Diskriminierungsverbote binden Gesetzgebung und Vollziehung. Aus ihnen folgt, dass Vergleichbares gleich und sachlich nicht Vergleichbares ungleich zu behandeln ist, oder mit anderen Worten: Ungleiches darf nicht unsachlicherweise gleich behandelt werden." Sondern nur sachlicherweise?

Meine Wien-Kenntnisse werden mit folgenden Fragen erhoben: „Welcher Fluss gab der Stadt Wien ihren Namen? a) der Wienfluss; b) die Donau; c) die Salzach". Oder: „Woher kommt der Begriff Gemeindewohnung? a) weil sie von der Gemeinde Wien gebaut wurden; b) weil sie von einer Privatperson gebaut wurden; c) weil sie von einer Bank gebaut wurden." Oder: "Wie heißt die größte Glocke des Stephansdoms, die immer zu Beginn des Neuen Jahres (Sylvester) geläutet wird? a) Ratsglocke; b) Stephani; c) Pummerin". (Dem Verfasser der Fragen wurde offenbar so wie mir der Deutsch-Test erlassen. Anders ließen sich die beiden Rechtschreibfehler in dieser Frage nicht erklären.) Und schließlich: „Was ist das Besondere an Wien?" Wäre das hier kein Multiple-Choice-Test, wer weiß, ob ich bestehen würde. „a) Wien ist Gemeinde, Bundesland und Hauptstadt; b) Wien ist ein Vorort von Graz; c) Wien ist die Hauptstadt von Kärnten."

(Apropos Kärnten: In der „Lernunterlage des Landes Kärnten" wird noch im August 2009 gefragt: „Wie heißt der Landeshauptmann von Kärnten? a) Hans Huber; b) Michael Häupl; c) Jörg Haider". Das kann man ja nur falsch beantworten. Oder sollte das der Sinn der Sache sein? Will man etwa keine Ausländer in Kärnten einbürgern? Andererseits: Vielleicht ist Antwort c) beabsichtigt, verheißt doch ein Liedtext: „Ihr Jungen schließt die Reihen gut / Ein Toter führt Euch an / Er gab für Österreich sein Blut / Ein wahrer deutscher Mann". Der Reim galt zwar Engelbert Dollfuß, aber was soll's. Und noch eins: Wer ist Hans Huber?)

Im Ernst: Glaubt irgendjemand tatsächlich, mit dieser Ansammlung von Hanebüchereien die Integrationswilligkeit eines potenziellen Österreichers erheben zu können? Eh nicht. Den Autoren dieses Fragenkatalogs – und ihren Auftraggebern – ist zu danken. Sie versuchen erst gar nicht zu verheimlichen, dass es sich bei diesen Tests einfach um eine Frotzelei handelt. Weiter im Text:

Fünftens: „Bejahende Einstellung zur Republik Österreich und Gewährleistung, dass keine Gefahr für die öffentliche Ruhe, Ordnung und Sicherheit besteht." Jetzt wird's heikel: Burggarten, Hainburg, Republikanischer Club, Mitglied der *Falter*-Redaktion (Anfang der 90er Jahre), Autor des Czernin-Verlags ... Da bin ich auf das Wohlwollen des Vollzugsbeamten angewiesen. Vielleicht habe ich ja Glück und es handelt sich um einen klandestinen *Falter*-Abonnenten, der sich meiner wegen der Rubrik „Vor 20 Jahren" erinnert, der an sich nur seine Pflicht tut, aber ausnahmsweise Gnade vor Recht ergehen lässt. Vielleicht aber auch nicht.

Sechstens: „Kein bestehendes Aufenthaltsverbot und kein anhängiges Verfahren zur Aufenthaltsbeendigung, keine Ausweisung innerhalb der letzten zwölf Monate". OK. Aber: „Kein Naheverhältnis zu einer extremistischen oder terroristischen Gruppierung". Ich hoffe, das Urteil darüber wird nach meinem obigen Outing nicht durch „Das freie Wort" unter Vorsitz von Franz Weinpolter gefällt. Und: „Grundsätzlich Verlust der bisherigen Staatsangehörigkeit". Wat mutt, dat mutt, wie wir an der Waterkant sagen.

Schließlich, siebentens: „Durch die Verleihung der Staatsbürgerschaft dürfen die internationalen Beziehungen der Republik Österreich nicht wesentlich beeinträchtigt werden und die Interessen der Republik Österreich nicht geschädigt werden." Danke für die Einschränkung „nicht wesentlich". Das gibt mir doch einigen Spielraum. Ob ich allerdings für alle Zukunft eine Schädigung der Interessen der Republik Österreich durch mein Tun ausschließen kann? Wer beurteilt das denn? Und was, wenn ich mich erst nach der Verleihung der Staatsbürgerschaft als Schädling erweise?

Zusammenfassend: Das wird knapp. Und der Amtsweg ist noch lange nicht bewältigt: Denn die Erfüllung der „allgemeinen Einbürgerungsvoraussetzungen" ist bloß der Schlüssel für die entscheidende zweite Runde. Die Option der „Verleihung der Staatsbürgerschaft bei Wohnsitz im Ausland" schließe ich aus, weil es allzu skurril wäre, würde ich Ösi in Deutschland werden. Das war ich mit meinem Akzent de facto eh schon. Bleiben noch Verleihung „aufgrund eines Rechtsanspruchs" und „aufgrund freien Ermessens". Im ersten Fall kann ich immerhin eine „fünfjährige aufrechte Ehe" – möglicherweise ist gemeint: eine „seit fünf Jahren bestehende Ehe" – mit einer österreichischen Staatsbürgerin vorweisen. Gut gefällt mir aber dieser Joker, demzufolge „die Verleihung aufgrund von bereits erbrachten und zu erwartenden außerordentlichen Leistungen auf wissenschaftlichem, wirtschaftlichem, künstlerischem oder sportlichem Gebiet im Interesse der Republik Österreich liegt".

Cool. Aber ein bisserl diffus. Denn in der Fußnote heißt es: „Außerordentliche Leistungen sind solche, die weit überdurchschnittlich sind und nicht auch von jeder anderen Person des gleichen Bildungsgrades und der gleichen Ausbildung erbracht werden können." Bei der Einschätzung durch einen Bundesbeamten wäre ich gerne einmal dabei. Noch willkürlicher ist nur noch der zweite Fall, nämlich die Verleihung „aufgrund freien Ermessens" durch die Behörde. Ausschlaggebend für das freie Ermessen ist „das Gesamtverhalten des Antragstellers im Hinblick auf das allgemeine Wohl, die öffentlichen Interessen und das Ausmaß der Integration". Und darüber entscheidet jene Behörde, die jahrelang nicht imstande war Franz Fuchs, Wolfgang Priklopil und Josef Fritzl das Handwerk zu legen? Ich weiß nicht.

Ich hab's mir überlegt. Es gibt doch noch eine Möglichkeit für mich, Österreicher zu werden. Wenn dem Land etwas an mir liegt, soll es mir das auch sagen. So wie es das auch allen anderen einzubürgernden Österreicherinnen und Österreichern sagen soll, die trotz derartiger Vorschriften und Tests die Staatsbürgerschaft erwerben wollen. Dass sie sich diese Mühe antun, liegt natürlich einerseits daran, dass viele dieser Menschen aus politischer und existenzieller Not in ihren Heimatländern in der Hoffnung auf eine bessere Zukunft – meistens eh nicht für sich, sondern für ihre Kinder – in die drittreichste EU-Nation gekommen sind. Das liegt andererseits aber auch daran, dass dieses Land nicht so verbohrt, ignorant, desinteressiert, fremdenfeindlich und abweisend ist, wie die Vorschriften, mit denen es sich umgibt. Von außen – zum Beispiel von Deutschland aus – betrachtet ist Österreich nämlich erstaunlich polyethnisch und multikulturell, innovativ und experimentierfreudig, gut gebildet und adaptionsfähig, wirtschaftlich effektiv und sozial (noch) stabil. Und zwar nicht trotz, sondern wegen seiner gut erprobten Praxis der Migration aus jeder und in jede Himmelsrichtung. Erstaunlich ist daran: Das wissen alle gescheiten und entscheidungsbefugten Menschen in diesem Land und bestätigen das gerne auf Anfrage, aber eben unter vier Augen, hinter vorgehaltener Hand; nur nicht in der Öffentlichkeit, an deren Herstellung sie selber mitwirken, der sie aber nicht trauen.

An dieser Schreckstarre vor dieser ominösen Öffentlichkeit wird sich so lange nichts ändern, wie die Einbürgerung als individueller Akt der Erniedrigung und nicht als Beitrag zur Weiterentwicklung einer Gesellschaft – gerne nach transparenten und justiziablen Verfahren und Quoten geregelt – gehandhabt wird.

Mein Beitrag zur Lösung dieser Schreckstarre sieht so aus: Ich möchte höflich gebeten werden, Österreicher zu werden. Bis dahin bleibe ich Deutscher. Und Tschüss.

Oliver Lehmann, geboren 1964 in Wien und weitgehend dort geblieben, ist Wissenschaftsjournalist und Sprecher des Institute of Science and Technology Austria in Klosterneuburg. Lehmann arbeitete unter anderem für *taz, Falter, Merian, Stern, BBC* und ist Gründungschefredakteur des *Universum Magazins.* Publikationen im Czernin Verlag: *Die letzte Chance. Heide Schmidt und der Liberalismus in Österreich, In den Fängen des Dr. Gross. Das mißhandelte Leben des Friedrich Zawrel* (mit Traudl Schmidt), *The Nicobar Islands. Cultural Choices in the Aftermath of the Tsunami* (mit Simron Jit Singh).

Das geht sich aus

Bettina Reiter über das Wiener Intransitive und die österreichische Klassengesellschaft

Der Hund meiner Kindheit hieß „Piefke" und war ein kleiner schlauer schwarzer Schnauzer. Seinen Namen hatte ich ihm nach dem ebenfalls schlauen Dackel in Erich Kästners Klassiker *Pünktchen und Anton* gegeben – und in Süddeutschland, wo wir – meine Familie und ich – lebten, verstand das jeder.

In Wien auch, aber das verstanden wir nicht. Legendär die Situation, als mein Vater, kurz nach der Übersiedlung nach Wien (wozu wir „Umzug" sagten) bei einem Spaziergang den Hund rief und sich ein vorbeigehendes Ehepaar, das auch ein paar Brocken unseres Gespräches gehört hatte, kopfschüttelnd aneinander wandte: „Schau da des an, do is a Piefke, der haast sein Hund Piefke."

Was – bei uns in Deutschland – ein witziger und liebevoller Name für einen Familienhund war, wurde nicht nur als literarische Anspielung nicht verstanden, sondern zum Anhaltspunkt, eigentlich sogar zum Beweis für das, was der Name ja in Österreich beinhaltet – das Piefkehafte derer, die ihren Hund so nennen, wie sie selbst sind!

Das Kopfschütteln, die leicht bis ziemlich indignierte Verwunderung über diese seltsamen Menschen, die nicht einmal merken, wie sie sich lächerlich machen, diese Art von Reaktion glaubt man häufig auf sich zu ziehen, wenn man sich als Neuankömmling unsicher in den Wiener Straßen und Subkulturen bewegt.

Dass in Wien und Deutschland halbwegs ähnliche Wörter zu halbwegs ähnlichen Sätzen zusammengesetzt werden, suggeriert dem Neuankömmling, dass man sich auskennt. Nichts ist falscher, wie Karl Kraus – eh schon wissen: Es trennt gerade, was uns scheinbar eint – uns gelehrt hat. Nur: Das weiß man von hier aus, nicht von dort weg. Deutsch in der perspektivischen Wahrnehmung von Wien in Richtung Berlin ist eine eigene Sprache, hat eigene Wörter und grammatikalische Eigenheiten, Wendungen, vor allem im Intransitiven, ohne die man sich nur direkt, nämlich transitiv ausdrücken kann, und das ist dem Wienerischen fremd. Das Wienerische herrscht nicht, es dient (sich an) und schleimt (sich aus).

Wie zum Beispiel sollte man die Wendung „es geht sich aus" noch jemals anders ausdrücken können, hat man einmal ihren unschätzbaren Charakter als Hybrid aus Allgemeinem und Besonderem, als Idiom der Ambivalenz und Königszeichen des Transindividuellen erkannt und das eigene Sprachkostüm damit parfümiert? Das Verschwinden des Individuellen im Allgemeinen macht die Wendung „es geht sich nicht aus" so großartig, wahrlich. Sie markiert die Transzendenz der Verantwortung in Schicksal, und das ist in der Tat (transitiv) verführerisch. Die Folge dieser sprachlichen Verführung ist Ratlosigkeit und das Gefühl, im Transitiven Deutschlands verloren zu gehen. Kehrt die in Wien lebende Deutsche zu Besuch zurück, sucht sie vergeblich nach Möglichkeiten auszudrücken, dass „es" sich nicht ausgeht: zeitlich („ich schaffe es nicht"), räumlich („da kommen wir nie durch"), argumentativ („das ist nicht schlüssig"), quantitativ („die CDU wird knapp verlieren"), emotional („ich mag nicht mit dir zusammensein"). All das und noch viel mehr kann sich im gegebenen Fall nicht ausgehen, und niemand muss sich dafür hinstellen und sagen: Ich, wir, du. L'amour à la viennois klingt dann so: „Ich liebe Dich und Du liebst mich, mit einem Wort, wir lieben sich."

Eine Freundin, des Russischen mächtig, erläutert mir eine mögliche Quelle der Intransivität des Österreichischen mit der Nähe zu slawischen Sprachen. Sie erzählt, dass sie fassungslos und fasziniert zugleich von russischen Gesprächspartnern Wendungen gehört hat wie (in der Übersetzung): „es denkt sich in mir" oder „etwas denkt sich mir" … Das ist Intransivität in Vollendung, nicht einmal die eigenen Gedanken sind etwas Aktives, sondern stellen sich als emergent inhärent unerkannt dar – welche Möglichkeiten tun sich da auf!

Beide: das österreichische Intransitive wie das russische (slawische) scheinen mir mit der feudalistischen Geschichte der Landstriche zu tun zu haben, die sich von Russland bis nach Bayern ziehen, der ewigen unterworfenen/unterwerferischen Abhängigkeit von Obrigkeiten aller Art, der Rückständigkeit der modernen und technischen

Entwicklungen und des Fehlens eines selbstbewussten Bürgertums, bis hin ins 20. Jahrhundert, also wirklich erst kürzlich. In Österreich selbst ist die Gegenreformation noch ein Spezialfall von Backlash, dessen Folgen man bis heute (etwa in den Verteilungen von Nazi-Familien im Salzkammergut), also gut 350 Jahre später, merken kann, wenn man will.

Die Hybridisierung der persönlichen Aktion mit dem Schicksal (man denke nur an den Kometen bei Nestroy, der die Welt nimmermehr lang stehen lässt) ist ja – das hat man schon oft gehört und gesagt – eine österreichische Spezialität.

Nicht schuld sein müssen, wenn man es offensichtlich ist, das muss man mal zusammenbringen. Österreichisch kann das, und lässt mit dieser großartigen Fähigkeit jeden bereits präventiv schuldbeladenen Piefke mit offenem Mund staunend stehen und nun seinerseits kopfschüttelnd, wie denn das angehen mag? Und wo die, die Österreicher, denn ihre Prinzipien, ihr Denken, ihre Verantwortung gelassen haben? Mit wiedererkennender Ratlosigkeit fällt mir die Titelseite der *Krone* ein, damals, als Karl Schranz auf dem Ballhausplatz vom Balkon des Bundeskanzleramtes aus als Nationalheld gefeiert wurde. Sein Verdienst um die Nation: Er war von der Teilnahme an den Olympischen Spielen in Sapporo 1972 ausgeschlossen worden. Es war Ende Jänner, und am 30. Jänner hatte sich in Londonderry in Nordirland der sogenannte „Blutsonntag" ereignet, an dem 13 Menschen den Tod fanden. Die *Krone* berichtete darüber gar nicht, weder am 31. Jänner noch irgendwann später, während die Disqualifikation von Herrn Schranz zum nationalen Zusammenrücken inszeniert wurde.

Okay, nix Neues, ist ja auch schon eine alte Geschichte, nur eine, die meine Lehrzeit als Österreicherin geprägt hat; zu dieser Lehrzeit zählte auch, dass damals Anton Benya, ein aufrechter und ehrenwerter Gewerkschaftler, ein persönlich bescheidener und sympathischer Mann, nicht nur der Präsident des ÖGB war (was, glaube ich, für den ÖGB der letzte historische Glücksfall war, von heute aus betrachtet), sondern in Personalunion auch der Präsident des Parlaments! Dieser – heute würde man sagen: demokratiepolitische Skandal – hat meine österreichischen Freunde, allesamt Linke, nie so recht aufregen können, sie haben meine Versuche, sie auf diesen intransitiven Wahnsinn („DAS geht sich aus!") aufmerksam zu machen, mit Achselzucken quittiert: dass ein Funktionär von Partikularinteressen (wenn auch denen der glorreichen Arbeiterklasse, damals noch ein bisschen) gleichzeitig das zweithöchste Amt des Staates einnehmen kann, wohlgemerkt: gleichzeitig! – und sich nicht aus dem einen oder anderen selbstredend zurückziehen muss. Solche Sachen stören hier, in Österreich, nicht wirklich, das geht sich alles aus. Sogar Martin Graf geht sich ja aus, der rechtsradikale Parlamentspräsident, armer Anton Benya!

Die parlamentarische Demokratie ist also irgendwie nicht so ganz angekommen in Österreich, so hat man als Piefke jedenfalls immer wieder mal den Eindruck. Bis das verführerische Parfum des Intransitiven einen so richtig eingenebelt hat und man die Vorteile, Bequemlichkeiten und Möglichkeiten dieses Modus Vivendi et Cogitandi nicht mehr missen kann und will.

Zum Beispiel das System der persönlichen Bekanntschaften. Nur in Liechtenstein und Andorra kann es noch leichter sein, sich an die Mächtigen heranzumachen, um eigene Ziele zu erreichen. Hier kann man mit Landeshauptleuten beim Heurigen plaudern und sich ins Gedächtnis bringen, den Kanzler im Café Landtmann treffen und die Wissenschaftsministerin beim Museumsbesuch ansprechen. Es ist geradezu üblich, um nicht zu sagen notwendig und würde bei Unterlassung als Minus erlebt, bei der Bewerbung um irgendwie relevante Jobs unaufgefordert telefonische oder schriftliche Referenzen von Parteifreunden des präsumtiven Chefs beizubringen, um auf diese nicht zu aufdringliche Art zu signalisieren, dass der zukünftige Chef sich der Loyalität sicher sein kann. Es ist genauso üblich und glasklar, dass man keine Chance auf einen Job hat, wenn die Institution in der Hand des Lagers ist, zu dem man keine persönlichen Beziehungen aufbieten kann. Ausnahmen bestätigen die Regel.

Huld geht vor Objektivität, landesfürstliche Gestik – man denke nur an den Kaiser von St. Pölten! – macht sich gut, und auch der Bürgermeister von Wien (ein wirklich kluger und gebildeter Mann) macht bei dieser Inszenierung von persönlicher Herrschaft mit – und irgendwie bekommt man immer das Gefühl, als hätten sie wirklich den Eindruck, das Land gehöre ihnen, und damit auch die Leute, die es bevölkern.

Bei einer längeren Reise in Indien, das ja bekanntlich vor Korruption starrt und trotzdem die größte Demokratie der Welt ist, also auch nicht gerade widerspruchsfrei ist, so was wie ein Österreich in großem Maßstab, las ich bei den verschiedenen Versuchen, etwas mehr von diesem irren Land und seinen großartig verrückten Menschen zu verstehen, unter anderem das Buch *Being Indian* von Pavan K. Varma. (*Being Indian. The truth about why the 21st century will be India's,* New Delhi 2005.) Varma war im diplomatischen Dienst Indiens und ist jetzt Direktor des indischen Kulturinstitutes, das Nehru Centre, in London. Er beschreibt, wie inhärent essenziell es in einer hierarchischen Gesellschaft wie Indien (Kasten!) ist, den gesellschaftlichen Status (den „Auqat" – ein Hindi-Wort für den Platz im Leben, den vom Schicksal zugewiesenen Ort in der sozialen Leiter, aber auch die Ressourcen, Möglichkeiten) unmittelbar einschätzen zu können. Wichtig ist dies vor allem, um das eigene Verhalten demgemäß abgleichen zu können: Ist das Auqat höher, muss man sich unterwürfig verhalten, ist es niedriger, muss man sozial arrogant auftreten und kann sich Unterwerfung vom anderen erwarten.

„Früher war die Kaste der sicherste Weg, das Auqat einer Person zu bestimmen. Das ist immer noch ein Faktor, reicht aber nicht mehr aus. (…) Jemanden zu treffen, ohne die Koordinaten seines Status zu kennen, ist ungefähr wie in einen Teich zu steigen, dessen Tiefe man nicht kennt. Alles – Antwort, Benehmen, Körpersprache, soziale Höflichkeiten, die Art der Anrede, die Empfänglichkeit – alles das hängt vom „Assessment" ab, wo sich die andere Person auf der Skala von Macht und Einfluss befindet." (S. 23, Übers. BR)

Das kommt einem doch irgendwie bekannt vor, lebt man im kleinen Indien Österreich, etwa, wenn man an die verschiedenen Codes denkt, die Wiens öffentliches und privates Leben bestimmen (aber, wie ich höre, auch Salzburg oder Graz oder Innsbruck). Nähe und Distanz sind hier nicht primär Beziehungsmodi im Privatleben, zwischen Liebesleuten oder Familienmitgliedern, sondern wie nahe man einer Person kommen kann, ist ein zentraler sozialer Code, und ihn zu beherrschen, bestimmt über den richtigen Ort im sozialen Gefüge, das Ösi-Auqat, wenn man so will.

Es ist zum Beispiel nicht egal, ob man ein Abonnent der Philharmonischen oder der Symphonischen Orchesterkonzerte ist; Ersteres bestimmt einen als Angehörigen der Bürger-Kaste, Zweiteres als Angehörigen der Sozialdemokratie-Kaste (und hier- wie dorthin verirren sich ein paar Musikfreunde). Welche Schule man besucht hat, ist gleich schon eine Auskunft über ein ganzes sozial-intellektuelles Universum; Schotten oder Stubenbastei, katholisch-intellektuell oder kommunistisch-intellektuell, so was kann man hier, selbst wenn man es später im Leben wollen würde, nicht mehr ablegen. Und nie vorher und nie sonstwo (außer im großen Indien) habe ich erlebt, dass die Familie so unentrinnbar ist, so Auqat-mäßig, so sehr etwas, das den Platz im Leben bestimmt. „Der ist aus einer XY Familie …" (katholisch, Nazi-, jüdisch, jüdisch-kommunistisch, linkskatholisch, sozialdemokratisch bürgerlich, sozialdemokratisch proletarisch) höre ich mit dem wissenden Ton der Begründung von politischem oder kulturellem Verhalten über Leute, die genauso wenig wie ich oder sonst wer etwas dafür können, wer sie in die Welt gesetzt hat. Und doch: Hier zählt es anders, hier ist es Auqat und nicht interessante Information.

Aber Auqat ist ja auch super. Hat man einmal die Distanz- und Nähe-Codes ein bisschen gelernt, kennt man sich zumindest gut genug aus, um dann auch vor Zudringlichkeiten geschützt zu sein. Niemand nähert sich, wie das bei uns draußen in Piefkonien durchaus üblich ist, im vollen Tempo direkt und glaubt, ein selbstverständliches Recht darauf zu haben, Nähe zu fordern und Verbindlichkeiten zu erwarten. Niemand hier meint ernsthaft, dass alle Menschen gleich sind, wie wir naiven Post-Faschismus-Gutmeiner von „draußen" schon annehmen und auch erwarten. Niemand ist so seltsam, zu glauben, dass Argumente mehr zählen als Persönliches oder zumindest, bittesehr, gleich viel.

Hat man das kapiert, rudimentär, also so, dass man seinen Hund nicht mehr „Piefke" nennt, dann ist es schön, in Ruhe gelassen hier zu leben und das Treiben der Eingeborenen teilnehmend zu betrachten, immer im Wissen, dass der Heldenplatz der Nabel der Welt ist, und diese ganze Welt um ein Drittel kleiner als Bayern.

Unser jetziger kleiner schlauer schwarzer Hund heißt übrigens „Pepi".

Bettina Reiter, geboren 1953 in Heidenheim/Brenz (in der Nähe von Ulm), in Hamburg und Stuttgart aufgewachsen, lebt seit 1973 in Wien. Fachärztin für Psychiatrie und Neurologie, Psychoanalytikerin in niedergelassener Praxis in Wien. Herausgeberin der *Zeitschrift für psychoanalytische Theorie und Praxis;* zahlreiche Veröffentlichungen, zuletzt: *Spaziergänge mit Freud. Psychoanalytische Beobachtungen* (Wien 2007).

Steigen Sie aus?

Tex Rubinowitz über Assimilation ohne Anstrengung

„Rubinowitz, wann gehst du endlich wieder zurück nach Deutschland?"

Der sehr, sehr unangenehme, sogenannte Prominentenfriseur Erich Joham, von dem ich vermute, dass er inzwischen selbst nicht mehr genau weiß, was er eigentlich macht, und den ich nicht kenne, er wurde mir nie vorgestellt und ich hab mich ihm nie vorgestellt, jedenfalls schreit er mir diesen Satz schon seit Jahren immer hinterher, wenn ich das Pech habe ihm zu begegnen und versuche geduckt an ihm vorbeizukommen, ich bin nicht spontan, ich will auch nicht reagieren, ich laufe dann weg, und das bestärkt ihn vermutlich in der Annahme, mich vertrieben zu haben, ich habe richtig Angst vor ihm, ein richtiger Hausmeister, auch wenn er, wenn man ihn auf seine Pöbeleien anspräche, erklärte, dass das der sogenannte Schmäh sei, und ich als Piefke den halt nicht verstehen könne, genetisch nicht.

Als ich im Oktober 1984 nach Wien kam, kam um zu bleiben, war mir nicht klar, dass ich bleiben würde, natürlich nicht, ich kam aus Hamburg, da ging alles schneller, bzw. normal schnell, aber hier war es langsamer, die Straßenbahnen, die Rolltreppen, langsamer, selbst Türen, wie mir rückblickend scheint, gingen schwerer auf, alles war verstaubt, auch die Menschen. Im Stadtpark stand eine Frau und fütterte Meisen, sie hatte einen Stock, mit dem sie nach Tauben warf, das war ihre Waffe, auch Spatzen duldete sie nicht, für sie gab es nur Meisen, die war ja noch ganz okay. Aber ihre Alterskollegen, alle, die jetzt Toten, hatten die Stadt besetzt, im Griff, wenn man nicht aufstand in der Straßenbahn, wurde man mit Blicken vernichtet, schlimmer als das Taubenstöckchen der Meisenfrau. In Hamburg spielte Morrissey sein erstes Konzert auf dem europäischen Kontinent, Hamburg war begünstigt, hier war gar nichts, gut, es gab die Blue Box, wo man Träumen nachhing, dass es hier auch mal irgendwie losgehen wird, was es dann ja auch tat, aber das dauerte, und dauerte, man musste selbst etwas anschieben, man musste solidarisch sein mit der Blue Box, dem Chelsea (das alte), der Musicbox, Werner, Othmar und Herbie und Mandy Winter aus der Szene, der so dick wie neurotisch war, dass man ihn nicht Mandy nennen durfte, dann macht man eben auch eine billige Zeitung, man macht ein kleines Festival, man besticht den Leiter der Wiener Festwochen, durch Reden, immer Reden, immer Trinken, man besticht ihn, dass er die Lieblingsband zu Big Beat einlädt, man wird selbst eingeladen in die Musicbox, zu Diagonal, zu Big Beat, nur weil man irgendwas macht, und nicht selbst einstaubt oder Meisen füttert im Park.

Die handelsüblichen österreichischen Klischees hab ich nicht mitbekommen, denn es waren alles Zugereiste selbst, die um einen waren, Burgenländer wenige, Salzburger, Steirer, Vorarlberger, Isländer, wer soll da auf wen mit dem Finger zeigen, mit den Tirolern kam man am wenigsten zurecht, und die blödeste Frage, die man gehört hat, das wird jeder Deutsche bestätigen, war: „Kommen Sie aus Deutschland?“ Ja, was soll man da sagen? Nein, aus Aserbaidschan? Die Frage ist aber typisch österreichisch, eine Frage, in der die Antwort bereits drinsteckt, und mit der man, wenn man sie nicht so beantwortet, wie vorgesehen, den Fragenden in ein heilloses Chaos stürzen kann, siehe auch die Frage, wenn man in der Straßenbahn steht, oder stand, ich weiß nicht, ob die Frage nicht schon verschwunden ist, man steht an der Tür und von hinten kommt ein Aussteigewilliger: „Steigen Sie aus?“ Ja, was wollen die denn hören? Die Frage ist eine verlogene Aufforderung beiseite zu gehen, weil man aussteigen möchte, und wenn man jetzt auf diese Frage mit einem schlichten „Nein“ antwortet, kann man ganze Gesichtszüge komplett entgleisen sehen, nur noch steigerbar durch ein: „Nein, Sie?“, oder „Ja“ sagen und einfach stehen bleiben, was tun sie dann, ich glaube ich habe das oft versucht, um die Österreicher zu foppen, weiß aber nicht mehr, wie das ausgegangen ist, mit einem hilflosen Tanz um mich herum wahrscheinlich, einer stummen Pantomime voller Vorwurf, Trauer, Hilflosigkeit und Wut. Vielleicht ist das ja der sagenumwobene ausgeprägte Minderwertigkeitskomplex der Österreicher, der immer wieder bemüht wird, ich glaube aber, wie gesagt, dass diese Ausstiegsfrage nicht mehr existiert, so wie das „Tschüss“ hier ins Land geschwappt ist, gekommen, um zu bleiben, so ist das monotone „Steigensieaus?“ ausgestorben.

Ich fühle mich nicht mehr als echter Deutscher, als Österreicher natürlich auch nicht, am Anfang hab ich mir beim Sprechen immer zugehört, hier spricht ein Deutscher, euer großer, großmäuliger, besserwisserischer Bruder, aber das wollen sie gar nicht, bin ich dann draufgekommen, deinen Dialekt kriegst du sowieso nicht weg, du bist nicht du, wenn du dich hier so verbiegst unter Krämpfen. Eine Generation vor mir, hat sich vielleicht noch bemüht, den harten deutschen in einen weichen österreichischen Dialekt umzubügeln, ich saß mal beim Kanzlerfest, keine Ahnung wieso man mich dazu eingeladen hatte, was hatte ich denn schon geleistet, war das noch zu Vranitzkys Zeiten? Da saß ich mit Dietmar Grieser an einem Tisch, dem Autor volksaufklärerischer Bücher zu literarischen Themen, ich hatte gar nicht bemerkt, dass er ebenfalls aus Deutschland kommt, sogar aus meiner Geburtsstadt, sein Dialekt, unser Dialekt war bei ihm nur mehr (Österreichisch für „nur noch“) in Rudimenten vorhanden, er war angekommen, assimiliert, vielleicht brauchte er das, ich brauchte das nicht mehr, weil ich angekommen war, aber anders, und in einem anderen Soziotop, einem, wo die Frage „Kommen Sie aus Deutschland?“ nichts zählt, Burgenländern ist das egal, in meinen Soziotümpeln hatte man andere Fragen, andere Sorgen. Keine nämlich, weil alles aufbrach, weil überall Türen aufgingen, und zwar nicht mehr schwerfällig, sondern mit einem Mal leicht, und die Türen wurden immer mehr.

Und dann war es auch nicht mehr verwunderlich, dass Falco auf dem ersten Konzert von Mäuse war, meiner kleinen Band, dafür hatte man ja auch etwas getan, man war Bestandteil einer nebulosen Kulturgemeinschaft geworden, hatte eine Tür geöffnet, weil nun mal Türen dazu da sind geöffnet zu werden, plötzlich war man in einer Gesellschaft, in der einen der Kanzler einlädt zu seinem Sommerfest, und man sich nicht ganz sicher ist, warum er das getan hat, ob da nicht eine Verwechslung vorliegt, und hat er einen gefragt: „Kommen Sie aus Deutschland?“ Schön wär's, der Kanzler, gerade er, Vranitzky, nimmt sich des Volksvokabulars an, aber hat er natürlich nicht, und am Ende sitzt man dann in einer Fernsehshow mit einem anderen Deutschen, der auch noch genauso heißt wie man selbst, und wundert sich auch darüber nicht, selbst die Dirks sind inzwischen angekommen. Und dann fällt einem plötzlich ein, warum der blöde Prominentenfriseur einem immer nachkräht, das ist die Rache, kann nur die Rache desjenigen sein, der in der Straßenbahn immer gefragt hat: „Steigen Sie aus?“, und der von einem von uns dadurch gedemütigt wurde, indem er sagte: „Ich steige erst in Deutschland aus!“

Tex Rubinowitz, bürgerlich Dirk Blocker, geboren 1961 in Ulm, lebt seit 1984 in Wien, zeichnet seit dieser Zeit regelmäßig für verschiedene Zeitungen *Witze,* veröffentlichte 2009 seinen ersten Roman, *Ramses Müller,* bei Eichborn. Spielt Geige in der Hardrockband Mäuse.

Österreich ist schön, aber

Jochen Jung über Kunstsinnigkeit

Ja, Österreich ist schön, aber Salzburg ist am schönsten. Tante Gesine hatte das früher immer gesagt, zweimal war sie mit dem KdF da gewesen, und „Schönheit vergeht nicht!“ war ihr Satz und der Nachsatz, später, „Das hat nicht mal der Führer hingekriegt.“

Also fuhr ich nach Salzburg, das heißt, gefahren ist ein anderer, ich bin getrampt, ich war zwanzig, in dem Alter hatte man damals noch kein Auto. Als ich dann nachts aus dem Peterskeller stolperte – ich vertrug noch so gut wie gar nichts – stand ich, herumirrend auf der Suche nach der Jugendherberge, plötzlich vor einer düsteren Wand, und als ich den Kopf hob, sah ich, dass diese Wand kein Ende hatte, sie war riesig und steil und mitten in der Stadt, eine Felswand. Das war mein erstes Zusammentreffen mit Österreich; ich erschrak zutiefst und fand es überhaupt nicht schön.

Am nächsten Tag bin ich in Mozarts Geburtshaus gegangen, habe versucht herauszufinden, was eine Haarlocke mit göttlicher Musik zu tun hat, und bin weitergetrampt, übrigens mit einem Porsche, dem einzigen, in dem ich bis auf den heutigen Tag je gesessen bin, und gefahren sind wir auf der Bundesstraße, nicht um mehr von der Landschaft zu haben, sondern weil es noch keine fertige Autobahn gab. Das war 1962.

Wien sah damals aus wie Tante Gesine auf Wienerisch, grau, voller Falten und irgendwie, naja, tantenhaft. Aber gegen die Sprüche und Sager, die ich damals hörte und zum Teil auch verstand, waren die Sätze von Tante Gesine nichts. Und die Hamburger Kunsthalle war nichts gegen das Kunsthistorische, und zwar gar nichts. Ich hatte das Gefühl, dass dort so ziemlich alles hing, was ich aus den Kunstbüchern meiner Familie kannte. Außerdem gab es in Wien – aber auch schon in Salzburg, was ich damals gar nicht mitgekriegt hatte – Fischer von Erlach, über den mein Vater seinen Pilotenfreunden auf dem Fliegerhorst in Brandenburg einen Abendvortrag gehalten hatte. Dabei waren die meisten seiner Zuhörer eingeschlafen, aber nicht, weil mein Vater so langweilig gewesen war, sondern weil die Piloten vor lauter Jagdfliegerei kaum noch zum Schlafen gekommen waren. So wurde es mir jedenfalls immer erzählt, aber vermutlich ist die Wahrheit die, dass die Soldaten sich Anfang '45 einfach nicht mehr für Fischer von Erlach interessiert haben. Zu der Zeit war die Geliebte meines Großvaters, eine Wienerin, schon längst die Frau meines Onkels geworden. Aber Tante Gesine und Tante Theres haben einander nie kennengelernt.

Ich traf damals auch meine ersten Österreicher, die es beruflich mit Kunst zu tun hatten, das waren die Wärter im Kunsthistorischen Museum. Ich will nicht sagen, dass sie mir damals mehr wie Aufseher vorgekommen sind, aber ihre Blicke verfolgten einen doch so, als hätte man ein kleines Säurefläschchen unterm Hemd. Dabei hatte ich nicht mal einen Flachmann bei mir.

Heute kenne ich etliche von denen persönlich (sie mich allerdings nicht), ich habe eine Jahreskarte für das Kunsthistorische Museum und nutze sie auch. Die Idee, selber Museumswärter zu werden, habe ich natürlich damals nicht erwogen. Inzwischen liebäugle ich gelegentlich damit. Jeden Tag Veroneses *Lukrezia* zu behüten, damit ihr nicht noch Schlimmeres widerfährt, ist doch fast so gut wie Arzt im Urwald zu sein. Der ich allerdings auch nicht bin.

Als ich 1975 als in Frankfurt am Main geborener Norddeutscher aus München nach Salzburg kam, in den Residenz Verlag, hatte sich die deutsche Literatur seit einem Jahrzehnt zunehmend politisiert, während die österreichische dabei war, sich von der sogenannten experimentellen Form wieder dem konventionelleren Erzählen zuzuwenden. Handke schrieb das *Wunschlose Unglück,* Artmann den *Dr. Unspeakable,* Frischmuth schrieb ihre *Sophie Silber*-Trilogie, und alle drei hatten es ja wahrhaftig schon mal ganz anders gespielt.

Ich selber, lang genug ein Freund von Heißenbüttel, Pastior und Mon, fand aber keineswegs, dass die Österreicher da in irgendetwas zurückfielen, vielmehr schien mir auf einmal – ich hatte inzwischen im dritten Anlauf Stifters *Nachsommer* zu Ende gelesen –, dass sie nicht nur wie die Deutschen zeigen wollten, was sie konnten, sondern mitteilen, was sie erfahren hatten, und zwar mit der Sprache und mit dem Leben gleichzeitig. Die sprachbewusst erzählte Lebensgeschichte, die sich vor keiner Erschütterung ins Theoretische flüchtet, das war's. Ich meinte, längst begriffen zu haben, wie viel von solcher Erzählung schon in Schönbergs op. 26 steckt.

Aber das ist 20. Jahrhundert, und wir sind ja seit Kurzem im 21. Österreich hatte vor allem immer dann seine starken Zeiten, wenn die Jahrhunderte sich wendeten: Vom 17. zum 18. zum Beispiel war da jener Fischer von Erlach, der mit festem Prunk dem Felix Austria noch einmal den großen Auftritt bot. Vom 18. zum 19. gab es die Weltkunst der Wiener Klassik und vom 19. zum 20. das Aufmischen von Traum und Wirklichkeit, wo sich das Kunstsinnige mit dem Tief- und Hintersinnigen verbindet. Und jetzt, vom 20. zum 21.? Das muss vorläufig mal offenbleiben.

Es gibt übrigens mitten in Wien ein „Institut für den Wiener Klang", also ein Institut, das etwas untersucht und pflegt, was es angeblich in Wiener Orchestern und Ensembles ganz spezifisch gibt, unverwechselbar und, wie ich mir immer denke, auch unhörbar. Und doch vorhanden! Das muss das Herz von Wien sein. Wir haben, sagt der Wiener Konzerthausgeher und Staatsopernstehplatzsteher, einen Klang, der hat alles wie überall und noch etwas dazu, ein Muttermal, einen Kropf sozusagen, ganz einzigartig, und wenn die Welt nicht längst halb taub wäre, könnte/würde/müsste sie ihn auch hören, den Wiener Klang, diesen köstlichen Klang der Wiener Klangklassik, diesen Schlüssel zur Schönheit. Mit ihm ist Tante Theres aufgewachsen, mit ihm ist sie gestorben, ihn hat sie geliebt ihr Leben lang; Tante Gesine hatte so was nicht, ihr Mann sang Shanties, und zwar so, wie seine Kehle wollte.

Ein solches Institut in Österreich zu wissen, hat etwas ungemein Beruhigendes. Das Behüten und Weitertragen, auch das von nichts, ist eine schöne Aufgabe, und wer ihr mit Hingabe nachkommt, der hat für seine Nachkommen immer eine schöne Draufgabe. Es ist das Zeichen des Kunstsinnigen, ja des Kunstinnigen, mithin des Österreichischen durch und durch.

Was, muss man nun allerdings fragen, was weiß der österreichische Politiker – ohne dessen Meinung in diesem Land kein Meinungsbild vollständig wäre –, was weiß der von alldem? Die Antwort lautet: nichts. Oder auch: gar nichts. Aber ich möchte hier nicht missverstanden werden: Über Österreichs Politiker ist schon so viel Hässliches gesagt worden, wie es meiner Tante Gesine nicht im Albtraum eingefallen wäre. Tante Theres allerdings schon, nur hätte sie es nie zugegeben, höchstens praktiziert, sozusagen. Nein, Österreichs Politiker geben sich alle Mühe und taten das immer schon, man sollte es ihnen nicht absprechen.

Dazu eine kleine Reminiszenz aus längst vergangenen Zeiten. Man stelle sich ein nahezu klandestines Treffen vor, zehn Mann hoch und eine Frau, in einem halbwegs Nobellokal gleich hinterm Westbahnhof. Der Dor und der Frohner und der Muliar waren da, alle schon tot, und der Brauer und die Charim und der alte und der neue Bundeskanzler, der dann recht bald auch schon wieder ein alter wurde. Wir saßen da, um dem alten Bundeskanzler dabei zu helfen, dem neuen zu zeigen, was es mit der Kunst so auf sich hat und warum sie immer so ist, wie sie ist, und der neue Bundeskanzler, der ja ein schöner Bundeskanzler war, aber doch nicht so viel vom Schönen wusste, geschweige denn vom Wiener Klang, der bemühte sich eine Weile. Ja, er fand die Kunst leiwand, auch die auf Papier, nur mit den Künstlern, mit denen hatte er seine Schwierigkeiten, und als er das in dem Satz zusammenfasste „Die onaniern doch alle bloß so vor sich hin“, da hatten auch wir Schwierigkeiten, da half kein Einspruch mehr, keine Ablenkung, nicht einmal der sehr gute Veltliner, es war einfach wieder mal ein ehrliches Bemühen restlos gescheitert. Zum Glück war der nächste Bundeskanzler dann ein Cellospieler, wenn man dem zuhörte, wusste man wieder, was der Wiener Klang ist.

Der Bundeskanzler, der vor dreißig Jahren im Amt war, hat mir geholfen Österreicher zu werden, sozusagen vor der Zeit, und dafür war ich ihm sehr dankbar: keine Arbeitsbewilligung mehr und keine Aufenthaltsgenehmigung und keine drohende Abschiebung für meine Familie, falls mir mal etwas zustoßen sollte. Und ziemlich rasch gefiel mir auch dieses entspannte Österreicher-Sein: Es ging mir ja nur um ein freundliches Zuhause und nicht um eine sogenannte Heimat. Österreich ist schön, aber manchmal ist es noch schöner, dachte ich bisweilen. Und es war auch schön, zu einem Land zu gehören, das keine Großmachtabsichten hatte, eher ein paar hübsche Minderwertigkeitskomplexe. Die waren allerdings damals schon dabei zu verblassen. Man sprach wieder zunehmend Dialekt und entwickelte jene heute weit verbreitete Art, innerhalb eines Satzes von Dialekt zu Hochsprache und wieder zurück zu wechseln, je nachdem, ob ein Satzteil mehr sachbetont ist oder menscheln soll.

Da ich aber zum Glück rasch begriffen hatte, dass kaum etwas blöder klingt als ein Deutscher, der österreichisch zu reden versucht – nur der umgekehrte Fall ist noch blöder –, entpuppte ich mich damit jedesmal, damals wie heute, als Angehöriger der unbeliebtesten Ausländergruppe in Österreich. Respektiert, teilweise, aber unbeliebt. Ein französischer Akzent, ein italienischer, selbst ein russischer, von dänisch und finnisch ganz zu schweigen, aber ein deutscher? Nee. Tante Gesine hat, was das angeht, sozusagen Glück gehabt: Alles Deutsche erfreute sich „damals" kurzfristig einer seltsamen Beliebtheit. (Ich hoffe, niemand erwartet jetzt, dass ich etwas über das Hochdeutsch des Führers sage.)

So bin ich jetzt also ein österreichischer Bürger deutscher Nation und versuche weiterhin herauszufinden, was das Österreichische am Österreichischen ist, zumal in der Kunst. Ich werde es vermutlich nie ganz begreifen, und vielleicht ist das schon ein Teil der Antwort. Thomas Bernhard zum Beispiel: Er hatte eine Menge gegen Österreich vorzubringen und tat es nicht zimperlich. Aber das war nichts gegen den Hass, den er dafür erntete. Und wie war das, kaum dass er tot war und gerade noch dafür gesorgt hatte, dass kommende Generationen von Österreichern ihn nicht mehr lesen und sich nicht mehr über ihn ärgern mussten? Man kippte sein Testament, entdeckte, wie wahnsinnig komisch er war, zog ihm damit alle Zähne und konnte ihn seither vorbehaltlos verehren. Vielleicht ist es unfair, aber mir kommt dieses Verfahren ziemlich österreichisch vor.

Tante Gesine ist nicht mehr und Tante Theres auch nicht. Beide haben ein kaum bemerktes Ende gefunden, beide friedlich, beide im hohen Alter. Hinterlassen haben beide nichts. Trotzdem komme ich mir manchmal vor wie ihr Erbe.

Jochen Jung, geboren 1942 in Frankfurt/Main, studierte Germanistik und Kunstgeschichte, seit 1975 in Österreich, seit 1980 Österreicher. Verleger des Jung und Jung Verlages. Ständiger Mitarbeiter der

ZEIT, des *Berliner Tagesspiegels,* der *Wiener Presse* und der *Salzburger Nachrichten.* Publikationen: *Ein dunkelblauer Schuhkarton. Hundert Märchen und mehr* (2000), *Täglich Fieber. Erzählungen* (2003), *Venezuela. Ein kleiner Roman* (2005), *Allerleirauh und allerlei Zartes. Über das Wetter, die Bücher und die Welt drumrum* (2006).

Ausgezeichnet

Charlotte Sucher über Titel und Orden

Geschichte ist offensichtlich nicht der Ort von Gerechtigkeit. Und nicht zuletzt aus diesem Grunde vermochten die Eliten Österreichs auch alle politischen Systemwechsel des 20. Jahrhunderts mehr oder weniger unbeschadet zu überdauern. Bewusst wollte sogar die Zweite Republik an Elemente der untergegangenen Habsburgermonarchie anknüpfen, die man am 12. November 1918 wenig betrauert in Massendemonstrationen zu Grabe getragen hatte.

Dieser Rückgriff auf die Vergangenheit und eine teilweise erfundene Tradition war 1945 der geeignetste Weg, um sich aus der deutschen Geschichte und der damit verbundenen moralischen Katastrophe klammheimlich zu verabschieden. Der morbide Prunk der franzisko-josephinischen Adelswelt, der in zahlreichen Sissi-Filmen und der leicht senilen Franz Josephs-Figur seine Apotheosen fand, bot zudem die Gelegenheit, der Welt ein sympathischeres Bild des fortan nicht mehr ganz so deutschen Österreich zu zeigen.

Die Radikalität des kulturellen Traditionsbruches, den die Alliierten in beiden Teilen Deutschlands bei der Formierung eines neuen gesellschaftlichen Grundkonsenses zunächst eingefordert hatten, fand in Österreich keine Entsprechung, weder von oben noch von außen. Von unten oder von innen wurde sie ohnedies nicht mehr eingeklagt, anders als bei der verunglückten ersten Republiksgründung siebenundzwanzig Jahre zuvor. Und so geschah es denn auch, dass die traditionelle kakanische Begeisterung für Auszeichnungen, echte und falsche Titel und Orden am rotweißroten Band genauso erfolgreich wiederauferstand wie das bitterarme Land aus den Ruinen des Zweiten Weltkriegs. Nur die Adelsprädikate blieben anders als in Deutschland in einer Art von offizieller Illegalität. Die wurden jedoch tagtäglich in Kaffeehäusern gegen entsprechendes Trinkgeld, im Außenministerium gegen entsprechende Posten und in informellen gesellschaftlichen Zirkeln legalisiert. Selbst heute noch finden sich Visitenkarten mit den entsprechenden Hinweisen und Familienwappen im Umlauf, nicht zu sprechen von den Siegelringen, die als Signal für alle Eingeweihten gelten. Wenig diskret verborgen trägt man sie am kleinen Finger. Vor allem aber werden Nachrufe in den einschlägigen bürgerlichen Zeitungen mit bedeutungsvollen Vons und Zus, mit Fürstinnen- und Grafennamen, mit Freiherren- und Freifrauenapostrophierungen aus der längst vergangenen Zeit geschmückt. Kaum einer davon findet seine Entsprechung in den gültigen amtlichen Dokumenten.

Bald nach dem Zusammenbruch des Naziregimes überzog das engmaschige Netz von Bürokratien wieder die Alpenrepublik, und die unterschiedlichsten Vereine organisierten bis vor wenigen Jahren noch einen Großteil der Bevölkerung in ihren Reihen. Sie alle hatten das wichtige Ziel, Belohnungen immaterieller Art großzügig an ihre Parteigänger und Mitglieder zu vergeben. Der korporatistisch ausgerichtete Staat sah seine Eliten lieber sicher aber weich im System eingebettet als im wirtschaftlichen Wettbewerb des Marktes gegeneinander gerichtet wie dies in den USA oder Deutschland der Fall ist. Die radikalen Erfahrungen der Zwischenkriegszeit sollten nicht noch einmal zum Stolperstein des neuen Österreich werden. Dem liberalen Wettbewerbsprinzip misstraute man zudem nicht nur in der Wirtschaft, sondern aus prinzipieller Überzeugung von rechts und links.

Außerdem war es auch nach dem Zusammenbruch der Naziherrschaft symbolisch eminent wichtig gewesen, dem neuen Staat und seinen Bürgern systemneutrale und republikanische Auszeichnungen zur Verfügung zu stellen. Nur so konnten urbane Anzüge und ländliche Trachtenjanker anlässlich der zahlreichen Umzüge gesetzeskonform dekoriert werden. Die besonders prunkvollen Auszeichnungen behielten sich freilich jene gesellschaftlichen Schichten vor, die Bälle besuchen. Der Wiener Opernball ist ein solcher Jahrmarkt für die republikanische und gesetzlich vereitelte monarchische Eitelkeit. Es war zumindest 1945 einen Versuch wert, die langjährige öffentliche Dominanz der Hakenkreuz- und Mutterorden, die durchaus unbeschadet und unterschiedslos neben den kaiserlichen Auszeichnungen getragen wurden, langsam in den Hintergrund zu verdrängen.

Dieser Prozess des Wandels hält jedoch inzwischen bis in die Gegenwart ungebrochen an und wird wahrscheinlich erst von der Natur erledigt werden. Das bedeutet nicht mehr oder weniger, als dass die Menschen in Österreich tatsächlich an ihren Auszeichnungen hängen. Die Regime mögen sie vergessen, verdrängen oder auch verachten, nicht aber die temporäre Achtung, die ihnen ein- oder mehrmals im ansonst bedeutungslosen Leben geschenkt wurde. Auch darin liegt das Geheimnis des totalitären Hitlerstaates mit seinen starken Loyalitäten weiter Bevölkerungskreise zu ihm. Die neue demokratische Republik ging auf diese Erfahrung, die auch schon die Habsburgermonarchie gemacht hatte, ein. Mehr an Glorie vermochte sie den Menschen nicht zu bieten, und vielleicht auch diese sinnsuchende Republik nicht mehr.

Die zentrale Idee der Meritokratie wird in diesem inflationären Auszeichnungswesen durchaus persifliert. Das störte jedoch wenige. Viel wichtiger ist der Umstand, dass alle Auszeichnungen in unterschiedlichsten Kategorien vergeben werden können. Es gab solche mit Sternen und großen Sternen am Band, solche in Silber und Gold, in erster Klasse und jeder darunter, es gibt sie in groß und in anderen Varianten. Dazu gesellen sich die klingenden Titel wie Professor, Oberschulrat, Oberstudienrat, Kommerzialrat, Medizinalrat, Veterinärrat und Hofrat, um nur einige zu nennen. Der bürgerliche Klassenstaat schützte sich in der breiten Differenzierung vor der Egalisierung, die Demokratien herkömmlicherweise innewohnt. Auffällig dabei ist lediglich der Umstand, dass akademische und schulische Leistungen kaum öffentlich geehrt und gewürdigt werden. Dieses Desinteresse an Bildung verwundert mich sehr, habe ich doch meine Schulzeit in Deutschland verbracht.

Aufgeteilt auf fast alle klassischen Ministerien ist gewährleistet, dass fast jedes Mitglied der Exekutive Ehrungen verteilen und breit streuen kann. Nur die Frauenministerin verfügt seit jeher über kein entsprechendes Portefeuille im Ordensgeschäft. In den wenigsten Fällen jedoch kommt die Anregung vom Minister, von der Ministerin selbst. Vielmehr gehört dies zum symbolischen Vorfeld der politischen Parteien und ihrer Repräsentanten, die dies auch sehr bewusst zu nützen vermögen. Ansonst ist die Macht der Parlamentarier vergleichsweise gering in Österreich. Mit gelegentlichen

Interventionen, Schmeicheleien, bisweilen auch Einschüchterungen versuchen sie den Prozess der Aktenbearbeitung zu beschleunigen. Das parlamentarische Stärkeverhältnis, die Nähe oder Ferne zum jeweiligen Minister, die persönliche Gefälligkeit der Sachbearbeiter sind jedoch die entscheidenderen Kriterien bei der gesetzlich normierten Abwicklung. Die britische TV-Serie *Yes Minister* gibt ein leicht verzerrtes aber durchaus zutreffendes Bild im Machtverhältnis zwischen der Bürokratie und der Politik wieder. Und so werden auch in Zukunft Orden, Auszeichnungen, Titel und Dankesschreiben im Auftrag der Minister und Bundespräsidenten, die kommen und gehen, verfasst, verschickt und verliehen werden. Die Bürokratie aber bleibt und darin unterscheidet sich Österreich nicht von Deutschland. Die Bundesrepublik mag zwar einmal radikaler mit ihrer Vergangenheit gebrochen haben, aber alleine die Neueinführung eines Tapferkeitsordens für Soldaten im Jahr 2009 beweist, dass wir eine gemeinsame operettenhafte Geschichte haben, in der sich irgendwie preußische Effizienz, habsburgischer Schlendrian und Reuss-Schleiz-Geraischer Duodezenpomp vereinen.

Charlotte Sucher, seit 2008 Leiterin der Abteilung „Bundesstaatliche sichtbare Auszeichnungen im Kunstbereich, Öffentlichkeitsarbeit, bilateraler Künstleraustausch", 1954 geboren in der Steiermark, verbrachte ihre gesamte Schulzeit im Ruhrgebiet und kehrte 1973 zum Studium nach Österreich zurück. 1981 bis 1990 Disposition und Organisation der Veranstaltungen des *steirischen herbstes,* 1990 bis 1993 Galerie Krinzinger, seit 1995 im Bundesdienst tätig, seit 2007 im Bundesministerium für Unterricht, Kunst und Kultur.

Wien – Bottle in a Message

Dirk Stermann über Alkohol

Die Wiener Todessehnsucht ist oft nur ein Kater. In Wien gelten Wein und Bier nicht als Alkohol. Ist man nicht schwer betrunken, sondern ahnt noch, wohin man torkelt, spricht man verächtlich vom „Damenspitz". In Deutschland sind es oft Hartz-IV-Empfänger, die man an der Fahne erkennt, in Wien sind es Werber und Theaterdirektoren, Fernsehleute und Bildhauer. Das Begrüßungsviertel kommt vorm Fluchtachterl, das zum Fluchtviertel wird, mit dem man den weiteren Abend begrüßt.

„Jeder deutsche Kartoffelsalat macht seine Sache im Ausland besser als du", hörte ich. Natürlich sprach er die Worte nicht so klar aus, wie sie hier stehen. Er verschlierte und verspuckte sie hustend, sie wurden gebildet aus bitterer Magensäure und Tabakresten, Teile einer eitrigen Wurst klebten an seinen Mundwinkeln und ich wusste, heißa, ihm geht's gut. Er umarmte einen dicken Baum, sein Gemächt hing aus seiner heruntergelassenen Hose traurig heraus, als hätte es noch nie bessere Zeiten gesehen. „Ich bin ein Wiener Schwanz und das ist mein Alltag. Ich reib mich an Borken, schlag mich tot, aber so bin ich." „Du Würstel aus Nordrhein-Westbochum." Dann tropfte eine Zeitlang Holunderschnaps aus seinem Mund. Er fiel ins Gras neben der Linde und griff mit beiden Händen schwächelnd in Hundescheiße. Er begann zu weinen. Ich half ihm auf und schimpfend ließ er sich stützen. „Du deitsche Schaaßtrommel, leckmern Oarsch, du gschissenes …" Er stockte. Wir sahen uns an.

„Weh", schlug ich vor. Und er blieb stehen und küsste mich sabbernd ins Haar. Seine Brille saß schief auf seinen glasigen Augen, aus seinem Mantel guckte eine Ausgabe vom aktuellen *Datum*, für die er gratis ein mehrseitiges Interview mit einem Maler geführt hatte. Das Interview hatte eigentlich nicht stattgefunden, weil der Maler nicht gekommen war. Er war in einem Stadtheurigen picken geblieben, seit 36 Stunden hatte er dort mit zwei Journalisten schweigend getrunken. Aber er hatte ein SMS geschrieben: „Komme nicht. Führ Interview mit mir allein, du Sack. Schreib was du willst, bin schon gespannt, was ich sag. Huren!“

„Wer partout keinen Alkohol trinkt, hat auch ein Alkoholproblem“, erklärte er mir. Die Zeitschrift fiel ihm aus der Tasche, in einen frischen, weichen, duftenden Hundehaufen. „Kennst du das, wo Qualtinger ein Viertel bestellt und der Kellner fragt: rot oder weiß? Und der Qualtinger sagt. Hams schon mal einen roten Slibowitz gesehen? Ich schon. Ich hab schon roten Schnaps getrunken. Am ersten Mai, auf der Jesuitenwiese. Da war ich so im Öl, man hätt ein Schnitzel in mir ausbacken können.“

Ich fragte mich oft, ob er noch Blut im Alkohol hatte. Nachdem ich vier Vranac und drei Plavac getrunken hatte und ein Mineral bestellte, sah er mich an, wie man aus dem Schützengraben heraus den Feind ansieht. Um im Kriegsjargon zu bleiben, der Deutschen angeboren ist. „Wasser?“

„Ja, gutes Wiener Hochquellwasser.“

„Meine Nachbarin hat Wasser in den Beinen. Magst sie auszutzeln?“ Er schüttete saure Wurst in sein Bierglas und warf Gurken hinterher. Ich kannte diese Prozedur. Ein Krügerl sind sechs Semmeln, würde er gleich sagen, aber als ich ihm einmal Butter und Marmelade ins Glas schmiss, wurde er wütend und brüllte mich an als Marmeladinger und ob ich sein Bier vergasen wolle, weil, das könnten wir ja so gut, das wär ja so ureigenurtypisch deutsch.

„Ich glaube nicht, dass die Nazis Marmelade ins Bier geschmissen haben“, sagte ich, und ich wusste, dass er wusste, dass ich Geschichte fast fertig studiert habe. In Wien gilt man, wenn man fast fertig studiert hat, als Akademiker, wenn man fertig studiert hat als Professor.

„Präpotente Sau“, rief er und stand auf. Er stellte sich an die Bar neben einen Filmemacher, der seit einer halben Stunde versuchte, sich eine Olive in den Mund zu stecken. Die beiden sahen sich an und der Filmemacher und mein Freund wussten, dass die Olive niemals den Mund erreichen würde. Um uns herum aßen die Menschen Gulasch, manche tranken dazu altes Speiseöl, beides, um eine Grundlage zu haben, um viel trinken zu können. Null Koma

Josef, rief jemand. Ein Lyriker, der seinen Panzer der Schüchternheit flüssig durchbrechen konnte und lautstark seine Lieblingswürstlstände rausbrüllte: Erstens, der warme Hans in Linz, zweitens, die Ragoutsauce am Jakominiplatz in Graz, drittens der Nachtstand in Innsbruck auf der Maria-Theresien-Straße."

Er kam aus den Bundesländern und hielt deshalb die Provinzfahne auch bei Würsten hoch. Betrunkene Frauen ab 40 waren willkommen, aber erfüllten die Freakrolle. Sie waren deutlich in der Minderheit. „Ich trinke, weil ich früher immer dachte, es heißt Leber Zierrose, das klang hübsch." Sie war Journalistin, trank einen Gspritzten, aber, obwohl es Sommer war, einen Tiefen-Winter-Gspritzten. Ohne Wasser. „Manchmal glaube ich, mit 40 bist du als Frau nachts im Winter deines Lebens. Kurz vorm Bleigießen. Silvester, die Pummerin läutet bereits. Tief verschneite, kalte Glieder. Glaubst du ans Passivtrinken?"

„Nein", sagte ich und tat, als röche ich ihre rotweißrote Fahne nicht, denn sie gehörte zu der seltenen Spezies derer, die ständig wechselten zwischen rotem und weißem Wein.

„Mein Vater hatte neben dem Bett immer einen Doppler Veltliner stehen, für den Fall, dass er nachts Durst bekam", sagte sie. Ich wusste, ihr Vater war ein ranghoher Sozialdemokrat aus dem Burgenland. Ein Kabarettist torkelte an uns vorbei, blieb am Rahmen der Toilette hängen und sank lächelnd zu Boden, wo er die Augen schloss und hoffentlich im Traum daran dachte, noch nicht die Toilette erreicht zu haben. In einer Zeitung hatte ich gerade gelesen, dass er mit dem Trinken aufgehört hätte. „Hat er auch", sagte mein Freund. „Hat aber wieder angefangen."

„Aber die Zeitung ist von heute. Ich hab's eben gelesen. Er hat aufgehört, steht da. Wenn ich ihn da so liegen seh, hab ich das Gefühl, die Zeitung lügt."

„Kein Mensch hat jemals behauptet, dass etwas Wahres in der Zeitung steht. Wenn du die Wahrheit wissen willst, darfst du nicht Zeitung lesen. Du bist wirklich ein Wassertrinker, darf ich dir reinen Wein einschenken? Ein Viertel Plavac für unseren nüchternen Evangelen!"

„In der Zeitung steht, er würde eine Entziehungskur machen", sagte ich.

„Du bist Spiegelleser, wir sind Spiegeltrinker. Grüß Gott, Herr Kompott, der Gute hat schon so viele Kuren gemacht, wir nennen ihn den Herrn Kurator." Plötzlich begann er zu weinen. Er schluchzte und dicke österreichische Männertränen fielen in sein Glas. Plop. Plop. Plop.

Er weinte, weil's ihm gut ging, das wusste ich. Alles war in bester Ordnung. Es war unerträglich. Er trank, um das Glück zu vergessen, er trank sich hässlich und die Welt, weil sein Kopf ihm sagte, dass alles gschissen sein muss und wenn nur die Verdauung ein einziges Mal funktionierte und Gott ihn einen guten Mann sein ließ, wurde die Verzweiflung himmelhoch.

„Der Weg ist das Ziel, aber der Rausch ist der Rausch, verstehst du?" Rhetorisch wie die Frage trank er auch. „Während du mich fragst, ob das Glas halb voll ist oder halb leer, hab ich's schon ausgetrunken!"

Plötzlich stand ein Kolumnist da. Man hatte ihm ein kleines Gulasch mit Gurken in die Hand gedrückt. Er schwankte und braune Gulaschsauce fiel auf seine Hose. Sein Schritt hatte einen großen, brauen Fleck.

Mein Freund lachte. „Als hättst aus dem Schwanz geschissen. So sieht das aus. Wusstet ihr, dass es Wildesel gibt, die mit dem Arsch atmen?"

Der Kolumnist sah hilflos aus. Er sah immer hilflos aus, aber jetzt war er es wirklich. Ich wischte ihm mit einer Serviette die Gulaschreste weg, so gut es ging. „Man sieht fast nichts", sagte ich aufmunternd.

„Ich weiß", sagte er tief betroffen. „Ich habe ein Mikrobengemächt. Wie schmaler Zwirn. Ein trauriger Zwirn des Zorns, an dem ich hänge." Schwerfällig hob der Kolumnist den Teller zum Mund und schlürfte den Rest des Tellers gierig auf. Links und rechts aus seinem Mund troff Sauce, doch diesmal half ich ihm nicht.

„Alkohol ist keine Lösung, aber kein Alkohol ist auch keine Lösung", skandierte mein Freund. „Hundertprozentig, ach, hochprozentig ist das so. Ich trink mir mich schön, dass ich überhaupt erst in den Spiegel sehen kann, understandable?"

„Was hast du über den Maler geschrieben?" fragte ich, um die peinliche Saufphilosophie zu beenden.

Er sah mich mit leerem Blick an und wischte sich die Tränen aus den Augen.

„Der nicht zum Interview gekommen ist."

„Ich bin auch in den Stadtheurigen gefahren", murmelte er. „Der Kann-mich-Maler." Säuft wie ein Kind. Mit Strohhalm. Wodka mit Hut. Ich hab ihm gesagt, dass er so beschissene Bilder malt, weil Wodka blind macht."

Die Journalistin kam mit zerzausten Haaren an unseren Tisch. „Findet ihr, dass ich eine versoffene Funzn bin?"

„Ja", sagte meine charmante Begleitung. Die Journalistin nickte wehmütig, rülpste laut in den Raum und verließ das Lokal, einen schmalbrüstigen Schauspielschüler an der Hand.

„Weißt du, was das Problem ist? Auf uns liegt zu viel Last. Wir Wenigen tragen die Last eines ganzen Landes auf den Schultern. Ihr gschissenen Deutschen seid 80 Millionen und habt eine Kanzlerin, Theater, Zeitungen, Fernsehen, Hitparaden, Fleischhauer, Bäcker und wir sind nur acht Millionen und müssen auch Kanzler haben und Maler und Theater und Musik und Lebensmittel und Tschikverkäufer, verstehst du? Zi-ga-rettenverkäufer. Obwohl wir so wenige sind. Wie soll man das aushalten? Von mir gibt's in Deutschland zehn und ich muss hier alles alleine machen. Auch bestellen, weil du gschissenes Arschloch Wasser schlürfst wie ein krankes deutsches Pferd, du Holsteiner. Einen Pferdeleberkäs und einmal striegeln für meinen norddeutschen Freund hier!"

Zwei Stunden später verließen auch wir das Anzengruber, weil es seit über einer Stunde geschlossen hatte. Der vom Alkohol losgekommene Kabarettist ließ sich nicht wecken und wurde vorm Klo liegen gelassen, aber mit einer weißen Tischdecke zugedeckt, auf der herrlich riechende Gulaschflecken waren. Im Park vor dem Kochklub lag die Journalistin mit noch zerzausteren Haaren als zuvor auf der Parkbank vorm Gebüsch. Neben ihr eine leere Zigarettenschachtel. Ich schrieb ihr auf die weiße Pappe: „Ich find dich ganz cool, für eine versoffene Funzn." Ich weckte sie und sie sah mich an, als käme ich von einem anderen Stern. Dabei komm ich nur aus Deutschland. Ich sah mich um. Die Linde hatte einen Liebhaber gefunden.

„Jeder deutsche Kartoffelsalat macht seine Sache im Ausland besser als du", hörte ich und nickte.

Dirk Stermann, 1965 in Duisburg geboren, seit 1987 in Wien, Kabarettist, Radiomoderator und Autor. Arbeitet seit 1988 für den ORF und ist seit 1990 eine Hälfte des TV-Duos *Stermann und Grissemann.* Wenn er tot ist, möchte er am Rhein begraben werden.

Bin ich's oder bin ich's nicht

Rubina Möhring über Identität und einen Kulturschock

Bin ich nach Wien gekommen, um zu bleiben? Nein. Definitiv nein. Nie im Leben hätte ich zunächst überhaupt nach Wien kommen wollen. Wie auch als deutsche Jung-Studentin, noch dazu in diesem heißen deutschen Herbst. Berlin ist 1969 studentisches Mekka. Dort will ich hin, dort weht ein frischer Wind, dort riecht es nach Zukunft. Dass Wien mit Woodstock nur das W verbindet, ist genauso klar. Österreichs Hauptstadt samt Opernball und Monarchie-Nostalgie ist für mich, schon bevor ich die Grenze passiere, Synonym für rückwärtsgewandte Herz-Schmerz-Sentimentalität und deshalb nur als Sidestep in meinem Leben gedacht. Dies einzig und allein, um in das Land, dessen Staatsbürgerschaft meine Familie kurz zuvor erhalten hatte, wenigstens kurz hineinzuschnuppern. Das bin ich als nun staatsbürgerlicher Doppelmoppel Österreich schuldig. Höchstens ein Kultursemester soll es jedoch sein. Dann wieder nichts wie weg.

All dies ist mittlerweile viele Jahre her. Längst habe ich mein Studium beendet und bei der Promotion für meinen Jahrgang den akademischen Eid geschworen. Ja, in Wien. Meine in Wien geborenen Kinder sind inzwischen älter als ich damals war. Und ja, in Wien wurde ich berufstätig, werde ich in Rente gehen und mich auch wahrscheinlich eines Tages von der Welt verabschieden. All dies war nie so vorgesehen. In Wien geblieben bin ich eigentlich nur, weil dieses Kultursemester in meinem Kopf kein Ende finden will. In meinem Kopf oder in meinem Herzen? Eines jedenfalls steht fest: Sobald es abgeschlossen sein wird, gehe ich wieder. Sicher.

Meine als lockerer Seitensprung geplante Stippvisite in Österreich ist ein einziger Kulturschock. „An Deutsche vermieten wir nicht", heißt es bei der Zimmersuche. Wie soll ich denen denn meinen funkelnagelneuen Austro-Pass durch das Telefon würgen?

Bei Besichtigungen erregt mein Outfit Unbehagen. Lange Schnittlauchlocken, Schlabberpulli, Jeans, Tennisschuhe Marke 08/15. Ganz normaler deutscher Studentendurchschnitt. Aber halt, sehen so nicht RAF'lerinnen aus? Krimineller Fantasie sind nirgendwo auf der Welt Grenzen gesetzt. Was ich damals noch weniger wissen kann: Durchschnittswiener können genuin misstrauisch sein und deshalb bei Unterstellungen auch besser und schneller einen Tatverdacht erkennen als jede Polizei.

Meinerseits phobisch und verkrampft ist der Einstieg an der Wiener Universität. Verstört reagiere ich auf Dirndl und Trachtenanzüge, auf Bügelfalten-Hosen und Faltenröcke, auf gescheitelte Kurzhaarstudenten und coiffierte Haarreif-Studentinnen. Deutsche Schulerziehung und 68er-Universitätsprägung, Diskursbereitschaft und Lust an Widerspruch tun ihr Übriges, akademisch-kollegiale Diagnosen in Richtung Verhaltensauffälligkeit zu bestätigen. Ein Musterbeispiel ist zweifellos meine erste Wiener Vorlesung: Der Prof. tritt ein, die Studis stehen auf. Der Herr Professor schreitet zum Katheder. „Setzen Sie sich." Die Studierenden setzen sich. Ich stehe auf und flüchte. Vieles hat sich seitdem verändert. Doch als ich Jahre später selbst als Lektorin an österreichischen Universitäten unterrichte, muss ich auch dann noch immer wieder die „Frau Professorin" wegwischen.

Pflichtseminar zur „Einführung in die österreichische Geschichte". Um bestehen zu können, büffele ich von A bis Z den Stoff landesüblicher Schullehrmittel nach. Eine völlig neue Sicht der europäischen Geschichte, der Weltgeschichte tut sich auf. Alles bisher Erfahrene will über Bord geworfen, alles neu erlernt sein. In Österreich gab und gibt es, wie mir scheint, nur eines: Das Haus Habsburg. Im Osten, im Westen, im Norden, im Süden dieser Welt. Morgens, mittags, abends und wahrscheinlich auch als Höhepunkt mitten in der Nacht. Mag sein, weil es in Österreich, anders als in Deutschland, seit 1918 keine zugelassene Aristokratie mehr gibt.

Unendlich süße und gerechte Rache für jenen universitär-historischen Horrortrip üben sehr viel später meine beiden Kinder. Meine Tochter ist gerade der Vorschule entwachsen, also ein richtiges Schulkind, als der ORF einen mehrteiligen, inhaltlich den besagten Schulbüchern entsprechenden TV-Dokumentationsschinken über die Habsburger produziert und diesen samt Begleitbuch wild mit Trailern bewirbt. Eines Abends umtänzelt sie mich: „Mami, ich will die Hoppsburger sehen.“ Mein Sohn, stolze vier Jahre älter: „Mach dir keine Sorgen Mami, sie hat gerade Fernsehwerbung gesehen und meint die Habsburger. Sissi und so.“ Zu lange lebe ich damals bereits in Wien, um noch korrigieren zu wollen. Zu sehr bin ich selbst auch schon vom Wiener Bosnigligkeitsvirus befallen, um an dieser Neudefinition – noch dazu durch eine gebürtige Wienerin – für das im Geist seiner Einwohner noch immer währende AEIOU-Land nicht himmlischen Gefallen zu finden. Als ich die Geschichte im ORF zum besten gebe, lacht niemand. Erzähle ich sie in Deutschland, lachen alle.

Warum nur hatte ich so gründlich deutsch dieses Land kennenlernen wollen? Zugegeben, sehr bald verlege ich den Schwerpunkt meines Studiums weg von Österreich in Richtung Ost- und Südosteuropaforschung, ignoriere dabei großzügig mein österreichisches Schulbuchwissen, dass also laut Metternich bereits am Wiener Rennweg der Balkan beginnt. Ich gewöhne mich daran, dass Heidenkind oder Ketzerin genannt wird, wer nicht katholisch ist und Kerzenschluckerei, Kerzelschleckerei oder gar -schlickerei eklig findet. Ich nehme es mit Gelassenheit, dass in Wien die Menschen gerade dann Tschüss – manche sogar Tschüssi – zu sagen beginnen, als es mir nach langem Training endlich gelingt, stilgerecht und blitzschnell Servus mit kurzem „a“ statt „u“ lässig zwischen den Zähnen durchzuzischen. Schließlich weigere ich mich überhaupt, über meinen Identitätsschlamassel nachzudenken.

In dieser meiner Wiener Anfangszeit beschließe ich, grundlegend an mir zu arbeiten, um deutsche Eigentümlichkeiten wie Gründlichkeit, Ordentlichkeit, nicht enden wollender Wissensdurst und mangelnde Sensibilität für Grauzonen für den Rest des Lebens aus meinem Wesen zu entfernen. Sie gingen mir schon vorher schwer auf die Nerven. Nun kann ich sie mit gutem Grund abstreifen, mein Leben dadurch erleichtern und mich mir selbst angenehm näher bringen. Seitdem bin ich bekennend unordentlich, bekennend unpünktlich, lasse die Dinge nach dem Prinzip „schau'ma mal – schauen wir einmal“ auf mich zukommen und weiß dabei genau: Gerade diese – auch gern zur Schau getragene – austriakische, scheinbare Lockerheit kann im Ergebnis um ein Vielfaches effektiver und schneller sein als jener deutsche Habitus, der gerade wegen umständlich-pingeliger Genauigkeit nicht selten in einem zeitraubenden Detail-Dschungel enden kann. Fleiß ist keine ausschließlich deutsche Eigenheit. In Deutschland ist man sehr stolz darauf, Österreicher bevorzugen zurückhaltender die Camouflage.

Auch die Länge meines Wiener Kultursemesters prägt – no na, natürlich – mein ganzes Leben. In Deutschland auf drei Monate limitiert, kann ein solches in Österreich zur Endlosschleife werden. Trotz aller Hochschulreformen, jeweils variierenden Studienzeitbegrenzungen und sonstigem akademischen Pipapo. Auch trotz offiziell beendeten Studiums. Zumindest mein in österreichische Kultur und österreichisches Wesen einführendes Semester nimmt kein Ende. Ob ich inzwischen deshalb mehr dies oder das, mehr österreichisch oder deutsch bin, vermag ich nicht zu beurteilen.

Eines ist mir jedenfalls im Zuge dieser grenzüberschreitenden Charakterfindung gelungen: Meine mich liebende Wiener Nachbarin hält mich nicht mehr für eine potenziell ordentlich-deutsche Haufrau, nennt meine Kinder fehlerzogen und meinen Haushalt einen Ort, an dem sie niemals leben möchte. Muss sie ja nicht, sage ich immer wieder, doch sie hört mich nicht. Stets übertönt mich der Staubsauger. Dieser treue Lebensbegleiter, mit dem sie mir auch am Wochenende wahre Reinheit demonstriert. Auch die des Herzens. Alles aufsaugend werden wir, auch unsere Freunde, überall dorthin zurückgewünscht, woher wir gekommen sind. Zu gut deutsch dorthin, wo der Pfeffer wächst, wie man auch in Österreich in anständig gebliebenen, ordentlichen Kreisen zu sagen pflegt. Ich aber bleibe, muss bleiben. Denn schmerzhaft wird mir bewusst, meine Nachbarschaft könnte mir einst fehlen. Schon gar in Deutschland, wo die Aufarbeitung der Hitlerzeit, die der Wurzeln und Folgen von Antisemitismus, Rassismus, Fremdenfeindlichkeit und Herrenmenschentum früher und gründlicher stattgefunden hat als in Österreich. Ob tatsächlich auch nachhaltiger, sei dahingestellt. Deutschland konnte und kann sich zumindest nie als Opfer darstellen, auch nicht seiner selbst. Nun übernehme ich diesen ungewohnten Part. Als Deutsche in Österreich. Gründlich und, wie ich finde, durchaus ordentlich.

Während der ersten Monate meines Wiener Kultursemesters berlinere ich wie nie zuvor in meinem Leben. Selbst meine Eltern mutmaßen, ich hätte Österreich nicht nur innerlich sofort wieder verlassen. Aber nein, das ist nur mein ganz persönliches, linguistisches Erste-Hilfe-Paket. Ich weiß damals noch nicht, dass ich in Wien – Sprache hin, Sprache her –, selbst wenn ich schon längst eins mit der Stadt geworden sein werde, doch immer eine aus dem Piefkeland bleibe. Ich will mich abgrenzen, auch gegenüber jenem Touristenösterreichisch, dessen sich deutsche Gruppenreisende leutselig beim Heurigen in Grinzing mit „Herzerl" und „Schmerzerl" bedienen. Ich verwechsle Dialekt mit Dialektik, ermüde zunehmend angesichts der steten, netten Ausfragerei, wo ich denn zuhause sei. Erst sehr viel später fällt mir endlich die erfrischende, ultimative, und wie ich finde, passende Antwort ein: „In Wien. Ich bin Migrantin."

Als ich im Norden Deutschlands längst befragt werde, ob ich Österreicherin sei – ich antworte geschmeichelt mit „hmmm" – merkt man mir in Österreich nach wie vor Meilen gegen den Wind die sogenannte Piefkinesin an. Wie ich dieses Wort noch immer hasse. Je geschmeidiger jedoch meine Sprache wird, umso gewandter laviere auch ich mich durch das Leben. Mir werden Worte hinter Worten klar, ich lerne wirklich Gemeintes von tatsächlich Gesagtem zu unterscheiden, wende Schritt für Schritt selbst genussvoll die Sprache der Andeutungen an. Längst ist inzwischen auch in mich schleichend und sanft das süße Gift indirekter Argumentation und Meinungsäußerung eingedrungen So sehr, dass ich bisweilen vor lauter Andeutungen den Faden verliere. Heute ist mir schleierhaft, wie ich all die fein gesponnenen Wiener Intrigen, die ich Jahre hindurch treudeutsch und geradlinig nicht wahrnehme, überhaupt unbeschadet überlebe. Längst denke ich nachts nicht mehr an Deutschland. Längst träume ich österreichisch. Auf meine Weise.

Die landesüblich hohe Kunst der Intrige werde ich allerdings niemals beherrschen können. Diese wird allein durch Muttermilch und väterliches Vorbild von Generation zu Generation vererbt und weitergegeben. Zumal die klassische, mit Denunziation versetzte Wiener Mischung. Wie oft schon wurden mir, um nur ein kleines, alltägliches Beispiel zu nennen, Aufsichtsorgane jedweder Art – von der Funkstreife bis hin zur Baupolizei – wegen böswilligen

Blumengießens auf den Pelz gejagt. Rausekelmethode nennt sich so etwas. Anfangs halte ich das kaum aus, bin sprachlos, hilflos, wütend angesichts solch infamer Vernaderungen, Verleumdungen. Ich will ausziehen, wegziehen aus diesem Land. Nein doch, keine Kapitulation. Mein Ast ist höher: Ich bin ja nur für ein Kultursemester hier. Und dort habe ich noch einen Koffer, der auf mich wartet. In Berlin oder sonst irgendwo. Ich könnte also jederzeit lässig gehen. Das genügt. Ich bleibe.

Deutschland ist groß, sehr groß, voll möglicher Verstecke und Distanzen, voll Anonymität und Einsamkeiten. Österreich ist heimelig, ein wärmendes Nest, eine Großfamilie, in der jeder jede kennt. Als Studentin schreckt mich noch das gängige Gesellschaftsspiel, laut dessen Regeln andere schon von mir wissen können, bevor sie mir begegnen. Heute mische ich lustvoll mit. Plaudere hier, plaudere da, auch mit mir Unbekannten. Je nachdem sind Dinge direkt zu klären oder wie beim Kaffeehaus-Billard – müßig zu sagen, dass ich auch das während meines Studiums erlerne – über die Bande zu spielen. Im Prinzip ist das überall auf der Welt so. In Wien nur liegt der besondere Reiz in jener oft zitierten, scheinbar vordergründigen, liebenswerten Leichtfüßigkeit – ja, genau jener, die genauso nonchalant ins Teuflische umkippen kann. Dann fliegen selbst Spielzeugmesserchen tief. Doch nun abgesehen von den wohlbekannten Abgründen: Es ist diese besondere Spielart, die österreichische Schule der Geläufigkeit, die hier vieles um so viel leichter von der Hand gehen lässt als dort, woher ich komme. Wenn, aus welchen Gründen auch immer, eine Situation unerwartet brenzlig wird, weshalb in Deutschland schon die Nerven blank zu liegen beginnen, weiß man in Österreich souverän: Es geht sich aus. Passt. Das stimmt auch so. Meistens.

Mittlerweile lebe ich in Österreich länger als je in Deutschland. Sicher hält mich anfangs nicht das viel gepriesene Goldene Wiener Herz. Ich bleibe, weil mir damals Deutschland fremd wird. RAF-Terror und deutsche Sicherheitspolitik verändern während der 70er Jahre die Menschen in meinem früheren Zuhauseland. Kein offenes Wort mehr in den öffentlichen Verkehrsmitteln, irgendwer hört immer mit. Rollläden vor kürzlich noch offenen Augen, niemand soll Gedanken lesen können. Keine Wortspiele mehr allein des Witzes wegen. In Österreich ist in jener dumpfen, deutschen Zeit die Luft zum Atmen frei. Hier darf man intellektuell galoppeln, sich ungestraft auch vergaloppieren. Deutschland wirkt beklemmend, Österreich paradiesisch weit. Nicht in Berlin, in Wien duftet es nun nach Zukunft, nach Umsetzung sozialer Gesellschaftspolitik, nach Weltpolitik, nach weiterführenden Visionen. Deshalb bleibe ich. Manches scheint sich inzwischen wieder zu verändern, enger, vielleicht sogar sehr eng zu werden. Als ich nach Wien komme, ist Österreich Teil der europäischen Freihandelsassoziation EFTA. Heute ist es Mitglied der Europäischen Union. Gemeinsame materielle Werteinheit ist der Euro. Grenzbalken können seitdem allenfalls ideologisch neu errichtet werden, doch beileibe nicht bei allen. Und ich, ich bin ja – eh schon wissen – nur so zu Besuch gekommen. Definitiv nicht, um zu bleiben. Oder doch?

Während ich dies schreibe, bin ich weder in Wien noch in Berlin. Ich bin in meinem realen Umweg – meinem Ferienhaus in einem Ort nahe Baden-Baden, der tatsächlich so heißt. Ich sitze, mit Blick auf Obstgärten und Weinberge in einer Glasveranda, erbaut nur wenige Jahre, nachdem Deutschland und Österreich sich ihrer Kaiser entledigt hatten. Kein Wort darüber, dass es in Österreich mehr als genug solcher Plätze mit entsprechendem Ambiente gibt. Hier jedoch kann ich an klaren Tagen bis Straßburg sehen, die Silhouette des vom hiesigen Meister Erwin erbauten Münsters, die des EU-Parlamentes und jene des europäischen Menschenrechtsgerichtshofs. In Österreich liegen dazwischen viele hohe Berge. – Und wie geht es mir sonst so hier? Im Nebenzimmer sieht meine Tochter einen Kult-*Tatort,* für das Fernsehen produziert vor acht Jahren. Reizt mich nicht, kann mich vom Schreiben nicht abhalten, kenne ich sicher schon. Aber dann, die Stimmen, die kenne ich tatsächlich: Das könnte doch der Peter sein und dies der Hermann, und der, wer ist das schnell noch einmal? Der *Tatort* jedenfalls ist ein österreichischer, spielt in Wien, handelt von Korruption, von scheinbar paragrafentreuen, fischäugigen Beamtentypen, ist gewürzt mit Wiener Dialogen, mit Wiener Logik, mit Wiener Schmäh.

Könnte ich wirklich wieder in Deutschland sesshaft werden? Zugegeben, noch immer lockt Berlin, diese laute, in sich zerrissene, sich neu gestaltende Trümmerhaufenstadt, die so ganz anders ist als die an der Donau gelegene Zuckerbäckerei-Metropole Wien. Allerdings, allzu oft dürften an der Spree Tatorte österreichischen Copyrights nicht zu sehen sein. Sicher nicht. Wohin also mit mir mitsamt meinem zwigespaltenen Ich? Schau'ma mal. Warten wir doch erst einmal den weiteren Verlauf meines österreichischen Kultursemesters ab. Es dauert eh erst knappe vierzig Jahre. Eines Tages wird sich alles klären und sich schon irgendwie ausgehen. So oder so. Passt. Definitiv.

Rubina Möhring, geboren 1950 in Berlin, lebt seit 1970 in Wien. Historikerin und Publizistin. Studium der Geschichte, Germanistik und Soziologie an den Universitäten Freiburg im Breisgau, Genf, Istanbul und Wien. Zunächst Redakteurin der österreichischen Tageszeitung *Die Presse,* seit 1986 im ORF. Seit 2004 bei ORF/3sat verantwortlich für Kultur und Wissenschaft. Lektorin für Publizistik an den Universitäten Wien und Innsbruck sowie der Donauuniversität Krems. Langjährige Vizepräsidentin der internationalen Menschenrechtsorganisation Reporters sans frontières. Präsidentin der Österreichischen Sektion Reporter ohne Grenzen. Herausgeberin und Autorin zahlreicher gesellschaftspolitischer Publikationen.

Zwischen den Sesseln

Detlev Eckstein über Sprache

Seit dem 1. April 1974 sitze ich zwischen zwei Stühlen, oder soll ich sagen Sesseln? Denn „Stuhl" ist deutsch und hat in Österreich eher eine medizinische Bedeutung, die zum Himmel stinkt. In Deutschland hingegen ist „Sessel" der Inbegriff der Gemütlichkeit, etwas worin man sich wohl fühlt, also das genaue Gegenteil. Und Gemütlichkeit ist eine Eigenschaft, die wir Deutschen gerne den Österreichern zuordnen. Helmut Qualtinger war da anderer Meinung: Als er einmal von einem Rheinländer, der ihn erkannt hatte, auf einen Schnaps eingeladen wurde, mit dem Trinkspruch „Auf die Wiener Gemütlichkeit", setzte er das volle Schnapsglas verkehrt herum auf den Tisch und sagte: „Mir Wiener san net g'mütlich!"

Überhaupt habe ich in den 35 Jahren, die ich nun in Österreich lebe, den Eindruck bekommen, dass Deutsche und Österreicher, trotz des geografischen Naheverhältnisses und der gemeinsamen Sprache, wenig voneinander wissen, und vielleicht auch gar nicht wissen wollen. Es ist ja viel einfacher, die Klischees, die sich da so aufgebaut haben, weiter zu benutzen. Der Österreicher, ganz besonders der Wiener, ist „gemütlich", was für Deutsche irgendwie impliziert, er ist, nun ja, faul. Die „Kriegs-Anekdoten" gewisser unbelehrbarer Lehrer klingen noch im Ohr: „Der Kamerad Schnürschuh ist ein Drückeberger!" Der Deutsche hingegen ist hochfahrend, besserwisserisch, herablassend und begreift nicht, welch geniale Auswirkungen ein gewisses „Schlampertsein" haben kann. Die *Piefke-Saga* von Felix Mitterer karikiert diese Vorurteile und die daraus resultierenden Spannungsverhältnisse mindestens genauso schön wie 70 Jahre früher die wunderbare Operette „Im Weißen Rössl", entstanden aus der Zusammenarbeit österreichischer und deutscher Künstler. Der „charmante" Zahlkellner Leopold, die „resolute" Rösslwirtin Josepha Vogelhuber (allein der Name!), der schöne Sigismund, der Urberliner

Fabrikant Gieseke („Wir ham zwar keene Berge in Berlin, aber wenn, dann wärn se garantiert höher als hier in Österreich!") und dazu noch Seine Majestät, der Kaiser! Besser kann man die Gegensätze, auch sprachlicher Natur, gar nicht ausdrücken.

Meine Annäherung an Österreich vollzog sich schleichend, über die Sprache. In München hörte ich Radio Ö3, hörte Axel Corti, hörte André Heller, das *Schnulzodrom,* eine Musiksendung, die sich über Schlagertexte lustig machte, und, als Initialzündung, *Da Hofa* von Wolfi Ambros und Joesi Prokopetz. Austropop, den ich mir mühselig übersetzen lassen musste. Seit damals kann ich nicht mehr genug bekommen von dieser „Fremdsprache".

Angekommen in Wien, hatte ich trotz meines selbst verordneten Sprachunterrichts einige Verständigungsschwierigkeiten. Wenn ich zum Beispiel „Grüß Gott" sagte, wurde mir meistens ein „Guten Tag", mit weichem „T" und trotzigem Blick, zurückgegeben. Wieso das denn? Sagte man denn in Österreich nicht „Grüß Gott"? Wenn ich dann aber mit „Guten Tag" grüßte, bekam ich ein belehrend strafendes „Grüß Gott" zurück. Ich brauchte einige Zeit, bis ich begriff, dass damit jeweils die Zugehörigkeit zu einer der beiden politischen „Reichshälften" signalisiert wurde. Den Unterschied zwischen grünen Bohnen und Fisolen, die man nicht in die Tüte, sondern ins Sackerl oder ins Stanitzerl packt, zwischen Hackfleisch und Faschiertem, Lungenhaschee und Beuschel, Kartoffelpuffer und Reiberdatschi lernte ich dagegen recht schnell, wenn ich in der Kantine des Burgtheaters von einheimischen Kollegen liebevoll-spöttisch ausgebessert wurde. Und es wurde mir auch schnell klar, dass, wenn dich einer fragte: „Wüüst an Köch?", er dir nicht etwa ein Kohlgericht servieren wollte, sondern dir eher etwas androhte, was man in Berlin „Backpfeife" nennt, also, auf gut Wienerisch, eine „Detschen".

Und ich fand es spannend, eine für mich „neue Sprache" zu erlernen, ihren Ursprüngen auf den Grund zu gehen, die böhmischen, ungarischen, jiddischen, kroatischen, italienischen Einflüsse zu verstehen, die so wunderschöne Worte wie Pawlatschen, Paradeiser oder Palatschinke hervorgebracht haben. Dagegen schmecken Tomate und Pfannkuchen doch ein wenig nach Glashaus und Backmischung.

Die österreichischen Dialekte sind schön und vielfältig wie die österreichischen Landschaften. (Leider muss ich Thomas Bernhard Recht geben, wenn er sich bei seiner Landschaftsbetrachtung in *Der Untergeher* an geschmacklos renovierten Bauernhäusern, überdimensionierten Lagerhäusern und ausufernden, gesichtslosen Städten stößt.) Die Sprache des „echten Wieners" ist noch immer von einem schlagfertigen Witz geprägt, der auch dem Berliner nicht fremd ist. Wobei Wien ein Sprachkontinent für sich ist: vornehm verraunztes, im Aussterben begriffenes „Schönbrunnerisch", Meidlinger (mit prägnantem „l"), Floridsdorfer (mit „u" gesprochen) oder Erdberger Idiom!

Schade, dass es durch den Einfluss des Kabelfernsehens, des oft schlechten Synchrondeutsch und des „Amerikanismus" zu einer immer weitergehenden Verflachung der Umgangssprache kommt. „Tschüss" und „Kein Problem" passen irgendwie nicht hierher und „Servus", „baba" und „Gern g'schehen!" klingen für mich einfach schöner. Auf das scheußliche Politiker-Österreichisch, welches sich einige Volksvertreter angewöhnt haben und das daraus besteht, sich mit dem übelsten Gassenjargon anzubiedern, will ich hier nicht weiter eingehen, wende mich lieber meinem Bücherkasten (!) zu und habe die lustvolle Qual der Wahl zwischen Bachmann, Mayröcker, Jandl, Artmann, Bauer, Friedell, Hofmannsthal, Schnitzler, Lernet-Holenia, Herzmanovsky-Orlando, Joseph Roth, Gerhard Roth, Doderer, Handke und soo vielen anderen.

Selbstverständlich ist Sprache ein „lebendig Ding", das von allen Seiten beeinflusst wird und sich ständig erneuert. Leider ist eine Seite besonders stark und deshalb bekommt man jetzt auch hier in Österreich immer häufiger „kriegen" und „schmeißen" statt „bekommen" und „werfen" und sinnloses „Das macht Sinn!" zu hören, auch im Radio und Fernsehen.

Ich lebte schon seit über zehn Jahren in Wien und war für ein paar Tage in meiner Geburtsstadt Berlin. In einer Kneipe bestellte ich ein Bier. Der Wirt fragte mich freundlich: „Sie sind Wiener, wa?" Geschockt antwortete ich, dass ich „umme Ecke" auf die Welt gekommen bin, was er mit ungläubigem Staunen quittierte. Und in Wien werde ich immer wieder gefragt, wie lange ich denn hier bleiben würde und ob mir mein Urlaub hier gefiele.

So sitze ich also zwischen den Stühlen, pardon Sesseln, nicht unbequem, und freue mich als Ausländer/Inländer in Österreich, in Deutschland, in ganz Europa zuhause zu sein.

Detlev Eckstein, geboren 1949 in Berlin, seit 1974 ständiges Mitglied des Burgtheaters. Studium der Geschichte, Kunstgeschichte und Germanistik, Schauspielausbildung, Theaterengagements in Berlin und Stuttgart. 2007 Ernennung zum Kammerschauspieler. Film- und Fernsehrollen, u. a.: *Schimmelreiter, Götz v. Berlichingen, Ein mittelmäßiger Schüler, Kommissar, Tatort, Keusche Göttin, Polizeistation.* Synchronstimme von Tom Hulce *(Amadeus),* Kevin Spacey, Beau Bridges u.v.a. Synchronbücher, Regie, Leseabende.

Kleine Polemik aus der Provinz

Brigitte Fassbaender über Wiener Arroganz und Kaffee

Als Gastarbeiterin in Sachen Kultur im Lande Österreich leben zu können, zu dürfen, zu müssen, heißt zwar nicht auf der Insel der Seligen gelandet zu sein, aber es heißt, in einem Land zu arbeiten, wo Kunst und Kultur überwiegend noch den Stellenwert haben, der ihnen zukommt.

Musik, Theater, Bildende Kunst, Literatur, Architektur – sie werden als Bereicherung des Alltags wahrgenommen und nicht als Belästigung. Die Zeitungen berichten oft und gern von künstlerischen Ereignissen, jeder Taxifahrer kennt den Weg zum Theater (nicht nur in Wien), das Geschehen der heimischen Kunstszene wird häufig und heftig kommentiert; Kunst ist ein Lebensmittel und Lebensmittelpunkt vieler Menschen, nicht nur der ausübenden Künstler, die damit ihre Existenz bestreiten, sondern auch der Anhänger jeglicher Kunstform, die sich in Österreich einer ganz besonderen kennerhaften Attitüde befleißigen. Wir von der Oper, vom Theater, sind es gewöhnt – ob Darsteller oder Regieführende – von der Kritik sachlich bis gönnerhaft zerpflückt zu werden. Wobei ich das Wort „sachlich" mit Vorbehalt benutze: Die österreichische, speziell die Wiener Journaille hält von Fairness oder Objektivität nur sehr wenig. Zudem erleben wir im Zeitalter der spontan möglichen E-Mail-Äußerungen fast ununterbrochen die Teilnahme und Kundgebung von Lob oder Tadel des Publikums. Und das Medium Internet bietet eine Plattform für Diskussion und Austausch über aktuelles Theatergeschehen und wird heftigst genutzt.

Der Österreichische Rundfunk – Ö1 als beispielhaft kulturorientiert – vermittelt einen Einblick in und Überblick über die österreichische Kunstszene mit einem Interesse, das vorbildlich ist. Ja, es kann vorkommen, dass ein künstlerisches Ereignis in den Nachrichten fast an erster Stelle steht! Musik und Sprache, Oper und

Schauspiel nehmen breiten Raum im Programmgeschehen von Ö1 ein. Dieser Sender ist der beste, vielseitigste, informativste, kulturell belebteste, den ich kenne. Eine bildungsträchtige Ausnahmeerscheinung im Mediengeschehen, denn das österreichische Fernsehen hat sich leider ganz der seichten, banalen Ausrichtung angepasst, die international üblich geworden ist. Es hat sich schon längst von der Vermittlung kulturellen Geschehens verabschiedet – einzig Montagnacht, zur Schlafenszeit, gibt es eine Sendung, die der Kultur gewidmet ist, vornehmlich der Wiener Szene verpflichtet, versteht sich. Und hier kommen wir zum Wermutstropfen, den ich – bei aller Dankbarkeit und Höflichkeit dem Gastland gegenüber – doch beklagen muss: „L'État, c'est moi!" Diese Ludwigs XIV. hybride Einstellung hat Wien und die Wiener seit eh und je ergriffen. Nur das zählt, was in Wien geschieht, nur das, was an Kunst in Wien produziert wird, kann Maßstäbe setzen: „Wien, Wien nur du allein …" – alles wird an Wien gemessen, Wien der Nabel der Welt; alles andere ist „Provinz"!

Ich habe das Glück, seit langen Jahren in der „Provinz" tätig zu sein und dort ein Landestheater zu leiten; das im schönen Innsbruck, im schönen Tirol. Lange Jahre davor war ich singend zuhause in Wien; so sehr, dass ich fast die österreichische Staatsbürgerschaft beantragen wollte. Die dazu notwendige umfangreiche „Ausfüllarbeit" ließ mich allerdings davor zurückschrecken, und so unterblieb es. (Trotz allem: leider!) Ich sang oft an einem der wichtigsten Opernhäuser der Welt: der Wiener Staatsoper. (Die Wiener glauben, natürlich, dass ihre Staatsoper das bedeutendste Haus der Welt ist. Für mich aber waren Covent Garden, London, die Mailänder Scala und die Met genauso bedeutend …) Damals war mir noch nicht klar, mit welcher Herablassung der Wiener Kulturjournalismus das Kunstgeschehen in den Bundesländern wahrnimmt und kommentiert, wenn überhaupt. Das ist geradezu atemberaubend und zählt zu den unangenehmsten Begleiterscheinungen, die man als (deutsche) Kunstschaffende in Österreich erleben kann, wenn man noch nicht oder nicht mehr oder nie in Wien arbeitet. Herablassung, Arroganz, Borniertheit! Sogar die kenntnisreichen, wohlerzogenen Ö1-Moderatoren und -Moderatorinnen scheuen nicht davor zurück, sich über ihre Gäste zu erheben, die in den einschlägigen Sendungen zugeben, auch außerhalb Wiens tätig zu sein. „Warum, um Gottes willen, arbeiten Sie denn mit dem Orchester in Vorarlberg?", wurde neulich in einer derartigen Interviewsendung ein bekannter, Karriere machender (russischer) Dirigent mit vor Verachtung triefender Stimme von der befragenden Dame gerügt. Seine knappe, souveräne Antwort imponierte mir: „Weil es ein gutes Orchester ist, und weil ich dort viel lernen kann, bevor ich mich vor die Philharmoniker begebe." Oder ein anderes Beispiel: Der zukünftige Intendant eines bedeutenden Theaters wurde gefragt: „Wie kommen Sie denn in eine solche Position, nachdem Sie in der Provinz geboren sind?" Eine Antwort erübrigte sich für ihn. Ja, verehrte Wiener, es gibt auch in den Bundesländern ein erstklassiges Orchester- und Theatergeschehen; wahrscheinlich ist eine beliebige Abendvorstellung in Innsbruck, Klagenfurt, Graz oder Linz mitunter sogar erfreulicher, niveauvoller, ambitionierter als eine routinierte, mäßig besetzte Repertoirevorstellung der Wiener Staatsoper oder der Volksoper, die auch nur mit Wasser kochen, das sehr oft abgestanden und lauwarm anmutet.

Abgestanden und lauwarm dagegen ist das Schalerl Kaffee ganz und gar nicht, das man in Österreich mit wahrlich nie versiegender Vorfreude auf das braune Nass zu sich nehmen kann, wann immer man einen Gusto darauf verspürt. Und all die poetischen Bezeichnungen! Kleiner Brauner, Großer Brauner, Melange, Verlängerter, Einspänner und wie sie alle heißen, die heißen Tassen röstfrischen, köstlichsten Kaffees, die nie ohne das obligate Glas Wasser serviert werden, um den würzigen, anregenden Geschmack nur schnell wieder hinunterzuspülen und dem nächsten Appetit Platz zu machen. Dem Appetit auf das nächste Schalerl, dem man sich hingeben kann und über dem man ins Sinnieren kommt über die ach so „scheinfreundliche", hinterhältig verkappte, undurchschaubare, sich über alles und jeden erhebende, dabei charmant, devot sich gebende Wiener Mentalität, auch „Schmäh" genannt. Man fällt halt drauf rein – und hinterher tut's umso mehr weh …

Nun hat's mich nach Tirol verschlagen, die Bayernnähe ist nicht ungut. Das Selbstbewusstsein der Tiroler scheint größer als das der Wiener. Sie haben ihre Schützen, ihre Fahnen, ihre Hüte und ihren Andreas Hofer. Die Berge sind hoch und malerisch, der Tourismus blüht. Der Tiroler ist deftig, herzlich, knarzig, kauzig.

Mit dem Wiener hat er so viel gemein wie ein Gamsbock mit einer Salonschlange.

Nach dieser – zugegebenermaßen regional eingeschränkten, denn ich kenne z. B. weder die Steirer, noch die Kärntner – Einsicht einer deutschen Gastarbeiterin in österreichische Verhältnisse und Lebensart kann ich feststellen, dass die Wiener wohl unter einem unschwer zu diagnostizierenden Minderwertigkeitskomplex leiden müssen, denn sonst hätten sie keine Angst, mit Stolz und Genugtuung auch die Leistungen anderer Bewohner ihres kleinen Landes wahrzunehmen. Der Kaffee ist übrigens überall in Österreich genauso gut wie in Wien. Das Einzige, was in Wien unschlagbar ist, sind die Kaffeehäuser, in denen – das weiß man – beim Nichtstun und Fadisieren so mancher Minderwertigkeitskomplex geboren wird … Den Buchtitel werde ich mir mit diesem Beitrag wohl verscherzt haben, zumindest in Bezug auf Wien.

Brigitte Fassbaender, Kammersängerin, 1939 in Berlin geboren, seit 1999 Intendantin des Tiroler Landestheaters in Innsbruck. Sie studierte Gesang bei ihrem Vater Willy Domgraf Fassbaender und debütierte mit 21 Jahren an der Münchener Staatsoper. Sie gastierte an allen führenden Opernhäusern der Welt, spielte über 300 Schallplatten ein und gewann zahlreiche Preise. 1995 beendete sie ihre Gesangskarriere, um sich ganz der Regie zu widmen.

Und alle spielen mit

Dorothee Hartinger über das Theater

Bevor ich in Österreich als Schauspielerin zu arbeiten anfing, hatte ich in verschiedenen deutschen Städten (München, Frankfurt, Hamburg, Hannover, Berlin …) gearbeitet – und jedes Engagement begann mit der leidigen Wohnungssuche. Während mir allerdings in Berlin geraten wurde nicht zu sagen, dass ich Schauspielerin bin (das sei nämlich der denkbar schlechteste Leumund, um das Vertrauen der Vermieter zu gewinnen), empfahl mir in Wien eine Bekannte unbedingt damit hausieren zu gehen. Denn dann würden sich Tür und Tor öffnen. Sie hatte Recht: So schnell hatte ich überhaupt noch nie eine Wohnung gefunden.

Das mag Zufall gewesen sein. Aber der Mär, dass in Wien jeder Taxifahrer weiß, was im Theater gespielt wird, liegt in jedem Fall ein Stück Realität zugrunde.

In den deutschen Städten, in denen ich bisher gespielt habe, hatte ich immer das Gefühl, dass das Theater den Theaterschaffenden gehört, den Regisseuren und Schauspielern. Das Theaterhaus war deren Ort und der ihrer kreativen Zusammenkünfte und Ergüsse. Zur Premiere wurde das Publikum geladen, um daran teilzuhaben. Allerdings eher als Zaungäste, die – wenn man Glück hatte – mit Interesse und Wohlwollen, aber auch einer gewissen Scheu, dem Treiben einer anderen Spezies zusahen. Wenn es dem Geladenen nicht gefiel, ging er halt nicht mehr hin. Meist ohne das Gefühl zu haben, einen Teil der eigenen Kultur zu verpassen.

Theaterkultur oder Theaterkunst (wie auch immer man es nennen mag) sind zu begreifen wie andere Künste bzw. Kulturen auch: Man muss sich mit ihnen auseinandersetzen, um sie zu verstehen. Gegen das „moderne Regietheater" und daher die letzten 20 Jahre nicht im Theater gewesen zu sein, ist eine billige Ausrede, um Bequemlichkeit und Faulheit zu kaschieren, sich mit Literatur und den Darstellenden Künsten nicht zeitgemäß auseinanderzusetzen.

In Wien bzw. in Salzburg – den österreichischen Städten, in denen ich gearbeitet habe – gehört der Theaterbesuch so selbstverständlich zum Leben, wie Zeitung zu lesen, Musik zu hören oder sich ein Bild anzusehen.

Deswegen hatte ich, als ich das erste Mal im Burgtheater gespielt habe, den Eindruck, mich vor dem Publikum beweisen zu müssen. Nicht mir als Schaffende gehörte die Bühne, sondern den Zuschauern, die schon lange vor mir das Burgtheater zu „ihrer" Bühne erkoren hatten. Die Angst, dass das Theater leer bleibt – wie zum Beispiel in Frankfurt –, wenn die Interpretation des Regisseurs, der Kollegen oder mein Spiel nicht gefällt, habe ich in Wien nie. Eher droht mir selbst ein Rausschmiss, als dass ein Zuschauer meinetwegen aus dem Theater vergrault wird.

Insofern gehören die Wiener zu den größten Theaterkennern. Es ist ein Teil der Tradition sich mit Theater auseinanderzusetzen. Das Wiener Publikum hat alles gesehen, was sich auf seinen Bühnen abgespielt hat. Das können die wenigsten Hamburger von sich behaupten, sonst würden großartige Aufführungen, wie ich sie im Hamburger Schauspielhaus gesehen habe, nicht unter Publikumsmangel leiden.

Allerdings wachsen auch ganz andere Blüten aus dem Interesse, das der Österreicher zum Theater und damit zu „seinen" Autoren bekundet. So wurde einem Hamburger Kollegen schon vor der Premiere unterstellt, er wäre „als Hamburger" nicht geeignet, Schnitzler zu spielen.

Dabei zeichnet sich doch gerade der Weltautor Schnitzler in seinen Stücken – wie viele großen Autoren – darin aus, dass seine Figuren quer durch alle Kulturen verstanden werden. Das Herkunftsland des Schauspielers oder der Schauspielerin sagt sicher nichts über die passende oder unpassende Interpretation der Figuren aus. Man degradiert Schnitzler geradezu mit der Annahme, nur Österreicher wären in der Lage, ihn richtig in Szene zu setzen.

Müsste man dann im Gegenzug bezweifeln, dass ein Österreicher die „ach so deutsche Seele" des Faust darstellen kann? Das Gelingen der Rollengestaltung entscheidet ganz sicher die schauspielerische

Qualität des Darstellers und nicht, woher ihn der Wind getragen hat.

Mir selbst gegenüber war das Wiener österreichische Publikum allerdings toleranter. Da ich aus Bayern komme – und damit den Österreichern vermutlich näher bin, als die Norddeutschen – wurde meine Interpretation von Schnitzlers *Fräulein Else* durchaus mit Wohlwollen aufgenommen. Lediglich die falsche Aussprache eines ungarischen Namens entlarvte mich als „Nicht-Österreicherin". Allerdings war ich froh, dass ich das Stück (nachdem ich *Fräulein Else* schon viele Jahre vorher in meinem Repertoire hatte) endlich korrekt auf die Bühne bringen konnte.

Schon lange bevor ich nach Österreich kam und mit dem hiesigen enormen Interesse und der damit verbundenen Kompetenz und Kritik des Publikums vertraut war, stand ich in Frankfurt beim „Wiener Liederabend" auf der Bühne. Einige Kollegen waren tatsächlich Österreicher, aber für die Frankfurter war ich zweifelsfrei genauso „original". (Schließlich kennt man sich jenseits des Weißwurst-Äquators mit den feinen Unterschieden zwischen den „süddeutschen Dialekten" nicht so genau aus.) Hier in Wien hätte ich nicht den Mut zu einem solchen Unternehmen. Stattdessen konnte ich hier ohne schlechtes Gewissen in einem „Bayerischen Abend" mitwirken.

Da mir mein Beruf am Herzen liegt und ich daran glaube, dass Theater, in der Vielfalt und Ernsthaftigkeit, wie es am Burgtheater betrieben wird, tatsächlich ein Spiegel unserer Gesellschaft sein kann und eben diese Gesellschaft sich darauf einlässt, im Theater über sich selbst zu reflektieren, freue ich mich sehr, dass ich an diesem Haus und in dieser Stadt an diesem Diskurs teilhaben kann.

Wie sagte eine Dame in der Straßenbahn zu ihrer Begleiterin über eine Produktion im Kasino, in der ich mitgespielt hatte und die bei Presse und Publikum nicht so besonders gut angekommen war: „Des muss ganz furchtbar sein, da geh´n ma hin!"

Wenn Theater sogar unter solchen Umständen zum Hingehen lockt, kann man sich als Schauspielerin doch nur glücklich schätzen, ein so engagiertes Publikum im Parkett sitzen zu haben.

Dorothee Hartinger, 1971 in Regensburg geboren, Ausbildung an der Otto-Falckenberg-Schule in München, seit 2002 Mitglied des Wiener Burgtheaters. Engagements unter anderem am Thaliatheater Hamburg, bei den Salzburger Festspielen, bei der Expo 2000 in Hannover und in Frankfurt/Main. Diverse Fernsehengagements.

Hier oder da? Frau Hamlet mit Klatschkuchenmentalität

Katrin Mackowski über (eigene) Fremdheit

Ich bin noch da.
Hier bin ich. Nicht.
Wie?
Bin ich?
Bin ich da, weil ich noch hier meine?

Mit Schluckauf bin ich zur Welt gekommen, hat mir mein Pflegevater, ein lustloser Schneider, erzählt und mit fünf Jahren konnte ich perfekt schreiben und lesen. Polnisch zuerst, und auch ein bisschen Russisch, aber mein Pflegevater war dagegen, diese Sprachen zu sprechen und versuchte es später, als ich kurz vor der Einschulung war, auf Deutsch. Bis dahin wuchs ich in einem Sprachenmischmasch auf, trug selbst geschneiderte Kleider aus Decken und Vorhängen und ging abends mit meinem Pflegevater stolz in die Oper. Ich saß in der Loge, kannte alle Arien und Rezitative. Auch La Paloma, nicht nur Verdi. Sein Ein und Alles war ich.

Als ich zwölf Jahre alt war, wollte mich meine leibliche Mutter abholen.

Ich hielt sie für eine Fremde, die uns irgendetwas verkaufen wollte, obwohl mich mein Vater darauf vorbereitet hatte, dass sie eines Tages kommen würde. Ich schlug die Türe zu.

Wir beide hatten angeblich meine ersten zwei Lebensjahre das Vergnügen, bevor sie mich weggab. Wohin weiß ich nicht. Warum auch nicht. Nur so ein Gefühl kannte ich. Dass ich weg sollte. Den Ort wechseln. Mich umgewöhnen. Das ist bis heute so.

Sie wollen mich also wieder woanders hinbringen, dachte ich damals, und dass ich *hier* bleiben wollte. Genau *hier,* in meinem Zimmer, *hier* in Hamburg, an diesem Fenster, mit Blick auf die Teppichklopfstange und die Salatköpfe.

Aber die fremde Frau, die sich für meine Mutter ausgab, kam wieder. Sie ging sogar einfach in mein Zimmer mit ihrem auftoupierten Haar und ihrem engen Rock, und sie lächelte schräg, sagte, dass wir uns nun aneinander gewöhnen müssten. Ich hatte Angst vor diesem schrägen Lächeln und der Gewöhnung. Als sie mir die Hand zum Abschied drückte, schlugen sich ihre langen rot lackierten Fingernägel in meine Haut, so fest drückte sie zu. Es blieben Stellen davon zurück, kleine Abdrücke.

Draußen hörte ich sie schluchzen. Das war meine Mutter.

Sie kam von da an zweimal pro Woche. Einmal brachte sie mir ein Dirndl und schwarze Lackschuhe, auch weiße Socken mit Rüschenrand.

Aus Österreich. Die zweite Ausrüstung bestand in einer kurzen grauen Lederhose mit Hosenträgern und eingravierten Hirschen plus Lupe. Auch aus Österreich. Ich musste beides probieren und sie bestand darauf, dass ich das nächste Mal, wenn sie zu Besuch käme, die Lederhose plus Lupe tragen sollte.

Um es abzukürzen: Meine Mutter hatte einen komischen Akzent in der Stimme und rollte das R. Heute weiß ich, dass sie aus Exjugoslawien stammt und sich jemand über sie hergemacht hat. Ein Mann mit Waffe. Das Produkt bin ich. Wir haben einfach meinem Pflegevater Adieu gesagt und sind nach Wien gezogen. Eine Weile blieben wir zusammen wohnen, dann zog einer ihrer Liebhaber ein und sie quartierte mich wieder aus, aber das spielt keine Rolle.

Ich bin immer noch *hier. Hier* in Wien.

Inzwischen dichte ich, scheide aber nur langsam aus und meine Mutter kauft meine Bücher. Alle Jahre wieder, denn Schreiben ist Luxus.

Meist schreibe ich auf Bestellung, trainiert auf fremde Menschen, fremde Umgebungen, Schleich- und Fluchtwege. Ich biete das Strapazierfähigste, Kostbarste und Beste, was es gibt auf dem Büchermarkt, denn meine Kindheit prädestiniert mich zum Welterfolg. Ein billiges Rezept brachte mir den Durchbruch. Die ganz große Nummer bin ich nun. Unter falschem Namen, versteht sich. Sonst könnte ja jeder kommen!

Zum Beispiel schreibe ich über Klatsch und Kuchen. Zusammengereimt heißt das Klatschkuchen. Für dieses Wort allein kassiere ich Unsummen an Geld und kann mir Häuser in Wien, Hamburg und London leisten. Oder ein Loft in Manhattan, je nachdem.

Die Leute schlucken das Zeug, beten mich an, flehen nach mehr. Ein bisschen Comédie, ein bisschen Tarzan und Jane, *Schwarzwaldklinik,* Altes Testament, *Hello Dolly, Sterntalermädchen,* ein paar Fremdwörter, auf 250 Grad erhitzt, dann alles in den Ofen, nach einem Jahr oder zwei ausgekühlt auf den Tisch gebracht. Fertig. So geht das.

Davon lässt sich eine Weile prassen. Im Sekundentakt erfinde ich den Mythos meiner eigenen Klatschkuchenexistenz noch zu Lebzeiten. Wollt ihr etwa wissen, wie man Klatschkuchen backt? Richtigen Klatschkuchen? Dann müsst ihr meine Mutter fragen. Meine Mutter finden, aber sie macht nichts umsonst und ist teuer wie ich.

Frau Hamlet mit Klatschkuchenmentalität

Schreiben jedenfalls als eine Art Selbstvergewisserung darüber, dass ich noch immer *da* bin oder *hier* oder ganz woanders, liegt mir nicht. Egal, dachte ich vor ein paar Minuten noch, bevor ich den Auftrag, mich in dieser Anthologie zu verewigen, in meinem Postfach liegen sah. Was interessiert mich das? Die wollen mich ausnehmen, als Fremde mit mir dealen, sich schmücken.

Die wollen mich zerlegen, operieren mit mir, heimlich Ethnochirurgie betreiben. Ein neues Passionsspiel für Deutsche einführen! Ja, ich soll eine Art rituelle Freilegung meiner Herkunft betreiben.

Die Unlust aber mich zu entäußern, mich als Fremde zu zeigen, die den vorteilhaften Status als Gast in Wien zu leben genießt und nicht im Jemen – obwohl der Jemen, genauer gesagt Sanaa, in gewisser Hinsicht Wien ähnlich ist, denn in beiden Städten regiert die Tradition, allein der Jemen ist gastfreundlicher! –, diese Unlust also, die hat mir zu denken gegeben. Die hat mich fast weggebracht von meinem Profitdenken. Ich stellte mir eine Hyäne vor. Dann wieder einen Hoppelhasen. Probierte beide Rollen und kam nicht weiter. War die Kernfrage nicht die nach meiner Identität? Nach meiner sensationell traurigen Herkunft? Hatte ich mich jemals dazu hinreißen lassen, darüber zu sprechen, geschweige denn zu schreiben? Nein. Ich bin ja kein preußischer Paladin, lüge nur in Notfällen und mach mich hier doch nicht lächerlich. Aber eines sag ich euch: Den Klatschkuchen, den hab nicht ich erfunden. Den Klatschkuchen hat mir meine Mutter von einer Reise aus Deutschland mitgebracht, und ich war wirklich stolz, dass ich ihn nachbacken und sogar noch verfeinern konnte. Inzwischen ist eine Weltmarke entstanden. Dank meiner Mutter! Insofern bin ich meinen Landsleuten eigentlich etwas schuldig, auch wenn es mir den Magen umdreht, diesen Großmäulern etwas schuldig zu sein. Zu den Deutschen soll ich mich also äußern, meinen Artgenossen? Entsetzlich! Wer bin ich? Eine Deutsche? Und wenn ja, wie deutsch bin ich, wenn ich mit zwölf Jahren das Land verlassen habe und meine Mutter eine Tschusch ist?

Hier, auf dieser Seite, *hier* bin ich, *hier* darf ich sein, *hier* darf ich bleiben.

Eine Frau Hamlet. Frau Hamlet mit Klatschkuchenmentalität, lauter Unsinn im Kopf.

Sein oder nicht sein.

Macht *hier* oder *da.*

Die Deutschen können ja nicht mal Kuchen backen! Warum sage ich das?

Weil ich lieber *da* geblieben wäre? Bei meinem Pflegevater, seinem Laienspiel, seinen Opern, seinen Stoffen? Vielleicht. Vielleicht auch nicht.

Das *hier* ist jedenfalls kein zäh produzierter Stuhlgang, aus dem ich sonst mein Kapital schlage. Das *hier* ist flüssig. Gefährlich flüchtig. Bleibt nicht, geht. Ist großspurig und weist auch sonst alle Eigenschaften alles Großspurigen auf.

Ich frage euch Herausgeber, euch Auftraggeber: Lohnt sich denn diese Ausscheidung? Ist sie riskant genug? Meine Gedanken schweifen schon ab. Die Hyäne, mein Zerrissensein, Dirndl und Lederhose, die liegen längst hinter mir. Vor mir hoppelt der Angsthase und ruft Hallo! Hallo, wo willst du denn schon wieder hin? Zu den Sternen? Schäm dich. Und ich schäme mich ja schon. Weil ich so groß, so schön und so erfolgreich bin und so viel Glück habe, dass ich mein Talent inzwischen verschenken kann.

Einmal nicht am Stuhl kleben geblieben, zog es mich in den Jemen. In die Fremde, den dunkelsten Winkel meiner Seele suchend. Verschleiert und mit dem Koran unter dem Arm, spazierte ich durch die Altstadt von Sanaa, bin weder entführt noch zerlegt worden, habe versucht das Leben von Mann und Frau zu verstehen, aber nichts.

Die Tierlaute der Muezzine sind mir noch im Ohr. Das ist alles.

Ich hätte *hier* bleiben sollen. Einfach *hier. Hier,* wo alles gerade so schön aufbricht, wo mehr und mehr Deutsche den Ton angeben, die Stadt übertünchen, sich ihr Publikum züchten und wie Hunde jede Ecke markieren. Eine Beschneidung des öffentlichen Raums, über die ich mich eigentlich freuen sollte. Oder anders gesagt: Es ist ein Platzhirschdasein, dem ich mich anschließen könnte mit meinen 99 Prozent Sendungsbewusstsein. Ein Platzhirschdasein, um ein Stück verlorene Heimat, meinen Vater wiederzufinden.

Eine winzig kleine Wienerin mit deutschem Akzent

Das Stück verlorene Heimat ist aber weniger deutsch denn polnisch-russisch, weil mein Pflegevater nur gebrochen Deutsch konnte. Trotzdem. Ich bin es, ich stamme von einem Deutschen ab. Hallo Hase!

Irgendjemand sagte mir, dass mein Erzeuger ein Deutscher war, ein Soldat. Ein Krieger. Es hatte ein Foto gegeben. Es zeigte einen sportlichen, sehr jungen Mann mit langen Beinen und scheuem Gesicht. Wie passt ein so scheues Gesicht zu einem Krieger?

Ich weiß es nicht. Ich weiß überhaupt nur wenig von diesen Dingen.

Ich kann nur sagen, dass ich meine Artgenossen kaum kenne, dass sie mich kaum bewegen.

Meine Artgenossen überschwemmen aber inzwischen die schöne, protzige Kaiserstadt mit eigenen Geschmacklosigkeiten und sorgen dafür, dass ich diese produktive Verwirrung, in die ich geraten bin, seit ich hier lebe, nicht mehr genießen kann. Ob wer *hier* sagt und *da* meint oder umgekehrt und sich auskennt oder vertan hat mit der Differenz zwischen zwei Völkern, ist nicht mehr relevant. Verpufft.

Meine Artgenossen tönen, tippen, turteln so lange, bis alles erlaubt ist und mein schönes Gedicht da oben für die Katz. Mein Nadelöhr, mein Zwischenraum, die kleine Lücke, durch die ich mich und meine Wörter hindurchschlängele, alles ist futsch. Futsch die kleinen, unscheinbaren Dinge, die den Blick schärfen, futsch die falschen, süßlichen Töne *hier* und *da,* dieser Singsang, der sich so schwer erlernen lässt. Was hatten wir doch Spaß an der Trennwand, unserer gemeinsamen Sprache, früher.

Früher, als sich der Deutsche noch unvermehrt und vereinzelt in diese charmante, fremdenfreundliche Stadt verirrte, als er noch auf Urlaub war, auf der Durchreise nach Kärnten. Und nun?

„Komm daher!", höre ich immer. „Wohin?", frage ich zurück. „Na, daher!", höre ich. „Und schreib was", höre ich. „Sag schon!" „Ich?", frage ich. „Warum ich?" Ich sage immer noch *hier,* nicht *da. Hier* bin ich, sage ich standhaft. Lauter, bestimmter denn je, unfähig das richtige Wort zu gebrauchen, dabei spielt meine Unlust *hier* nicht die geringste Rolle, schon gar nicht, woher ich komme, denn man hält mich für eine Deutsche, ich selbst will mich ja dafür halten.

Ach, wer will das Geraunze einer Deutschen überhaupt hören, geschweige denn lesen? Aber allein schon die Frage ist falsch. Ich kann sprechen wie ich will. Ich darf sagen was ich will, sogar das Raunzen für mich in Anspruch nehmen, dieses rückständige Wort verwenden und selbst rückständig sein. Darf senden. Missionieren. Schreiben. Werben für Billa, Hofer, Bipa. Ob Piefkinesisch oder nicht. „Wurst", sage ich. Und hinterher gleich „Wurscht!", was niemanden schert, dass ich mich verbessert habe und eine winzig kleine Wienerin mit deutschem Akzent in mir wohnt, nachdem ich in lupenreinem Hochdeutsch in dieses Land gekommen bin. Endlich. Endlich habe ich diesen Komplex, dieses verschwindend Geringe in mir gefördert und erschöpfend zu Papier gebracht, sogar zwei Kinder geboren, Söhne obendrein, Bücher, Szenen, Stücke, alle Jahre wieder.

Doch wer feuert mich noch an? Zeigt mit dem Finger auf mich und bietet mir, dem Gast, wie früher noch einen längst besetzten Stuhl an, damit ich hart bleibe, sitze und schreibe, harte Stuhlgänge zu Höchstpreisen produziere?

Ich scheide langsam aus.

Da ist für mich weit, weit weg. Es liegt hoch oben im Norden Deutschlands und beschreibt eine himmelblaue Horizontale, die ich schon gar nicht mehr imstande bin zu erkennen, so wienerisch lebe ich, denke ich, träume ich.

Da, wo die Menschen nicht so gesprächig sind wie hier, sich monoton geben und schnurstracks gehen müssen. *Da,* wo die Wolken aussehen wie von Frau Holle aufgeschüttelte Betten und jeden Moment drohen, eine Kuhweide zu ersticken. Was hat das noch mit mir zu tun? Wie soll ich, Triebtäterin, und sozial flüchtig, eine Kinderkrippenromantik aufs Papier werfen, eine Buchseite, eine Headline bedienen? Ich kann nicht. Ich bin dank Wien über mich hinausgewachsen und so hochgehoben, dass mir ganz schwindlig davon wird.

Da, zwischen Lüneburger Heide und Hamburg, zwischen Ost- und Nordsee, in Worpswede, wo ich meinen ersten Kuss getauscht habe, *da* kennt mich keiner mehr. *Da* wäre ich ein Nichts, ein Niemand.

Neulich aber, im letzten Sommer, zog es mich ausgerechnet in dieses Nichts- und Niemandsland. Als ich auf meinem Rad unterwegs war und nach dem Weg fragte – vor mir ein hoher Lenker, unter mir ein hoher Sattel, im Gesicht eine steife Briese –, *da* wusste ich, dass ich recht getan hatte, *da,* nämlich in Wien, und nicht *hier,* auf dem platten Land, zu leben. Die Verwirrung war schon zu fortgeschritten.

Als ich wissen wollte, wo das Modersohn-Haus steht, ob es die morsche Brücke über der Wümme noch gibt und das Reet gedeckte Haus mit der Post, ob die Eltern meiner Freundin immer noch Wolle kämmen und Schafe züchten, die Mädchen, die Wiebke oder Mareike heißen, den Hof übernommen haben oder ob das kleine Café in der Nähe vom Heinrich-Vogeler-Haus noch *da* ist, nahm sich immer wer Zeit, zückte einen Plan, sogar Papier und Bleistift, fragte mich dies und das, damit ich auch ja richtig ankäme und mich ja nicht verirrte.

Hierzulande sind Fehlanzeigen, Schleichwege und Verirrungen an der Tagesordnung, außerdem erschrecken sich die Meisten, werden sie von mir aufgehalten oder gehen einfach weiter. Österreich ist eben arm an Straßenschildern und Wegweisern. Hier kennt man sich. Aus!

Hier weiß man oben und unten zu schätzen. Das Flache gilt als unschön. Flache Hierarchien, flache Wege, das alles ist nicht gefragt.

Mein Horizont schwindet. Er war mir nie ganz deutlich.

Da!

Wer liebt, muss bluten. Wer liebt, muss für immer fallen. Und ich liebe das gefallene Wien wie meinen eigenen Körper, liebe Wien wie mein Schreiben und meine anderen großen Talente. Ich kann einfach nicht mehr. Nie mehr zurück in dieses Flachland, dieses Feuchtgebiet der Führernaturen und Geteilten, nein! Längst habe ich mir eine fremde, züngelnde Sprache, diese floskelhafte Überflüssigkeit, angewöhnt. Längst übe ich mich in Gemeinheit und indirekter Rede, bin fast am Gipfel der Unmöglichkeit angelangt und werde opportun.

„Grüß Gott!", sage ich, „du Land der Berge. Hier ist es schön. Meine Mutter hat mich mit Dirndl und Kracherner gerüstet für diese Gegend und sich dann aus dem Staub gemacht. Das habt ihr nun davon."

Hier

Hier täuscht. *Hier* ist nur ein Hocker, das Stockerl zu meiner Erkenntnis im ersten Stock. Ich sitze vor einer Tastatur an meinem Schreibtisch. Weitblick ins Grüne.

Wenn ich nicht gerade schreibe, wandern meine Augen zwischen den Gräbern und Mausoleen des Hietzinger Friedhofs umher und machen einen vielmals ergebenen Lidschlag als Dankeschön dafür, *hier* und nicht *da* zu sein. Bei den Morbiden bin ich, bei den Toten, den hutbedeckten Alten im 13. Wiener Gemeindebezirk, der als nobel gilt. Seit zehn Jahren lebe ich mit meinen Söhnen in diesem hellblauen Wiener Haus der Grabsteinfirma Wiedhalm, lasse sie zwischen den unbefestigten, wackeligen Grabsteinen spielen und bin mit einer schriftlichen Verwarnung meines Vermieters, meine Söhne lieber nicht zwischen den Grabsteinen spielen zu lassen, erstens zu viel Ehre gekommen, zweitens weit über das Ziel meiner Anpassungsfähigkeit hinausgeschossen, weil ich immer noch *hier* wohne und nicht längst woanders.

Ja, *hier* kann einen, wenn man nicht aufpasst, locker der Schlag treffen. Die Stadt und ihre Bewohner leben vom Wackelkontakt. Die Meisten machen ihr Geld, ihre Kinder im „So als ob".

Ich kenn das. Ich bin genauso entstanden.

Überhaupt ist hier vieles extra nur aufgestellt, nur Kulisse, nur Fallenstellerei, genau wie die unbefestigten Grabsteine der Firma Wiedhalm. Das gehört so. Das ist so. Den Rest regeln die Freunde.

Begrabenes, Verflossenes, Erinnertes, Verfaultes. Wen schert das? Der sentimentale Fluss ist es, das Schlingernde, das Kreuz auf der Stirn, das zählt. Und ich? Ich, Fremde? Arbeite ich schon an meiner eigenen Enteignung, verliere ich langsam meine Klatschkuchenmentalität und bin ernst geworden?

Ich bin ein Auslaufmodell, sage ich ab heute. Ich bin die Nostalgie in Person, fern von *da.* Immer noch *hier.* Niemals werde ich mich preisgeben.

Katrin Mackowski, geboren 1964 in der Lüneburger Heide in Ebstorf, seit „Urzeiten inklusive frühkindlicher Erfahrungen" in Wien, ist Schriftstellerin und Filmemacherin. Sie veröffentlichte zuletzt den Roman *Die falsche Frau* sowie das Theaterstück *Kopf oder Zahl Oder wie ich meine Familie umbringe* und befasste sich in zwei Fernsehdokumentationen mit dem Phänomen Trauma.

Ein Westfale in Wien

Ulrich H. J. Körtner über Protestantismus

Ich bin Österreicher mit deutschem Migrationshintergrund. Den verrät mein „schönes Deutsch", auf das ich angesprochen werde, wenn mir jemand zu verstehen geben will, man merke doch gleich, dass ich von „draußen" komme. Wer es genau wissen will: Ich stamme aus Westfalen und bin in Enger, einer Kleinstadt in der Nähe von Bielefeld, aufgewachsen. Was Deutsche und Österreicher trennt, ist bekanntlich die gemeinsame Sprache. Also haben sich meine Frau und ich als Erstes ein Wörterbuch „Wie sagt man in Österreich?" gekauft. Ich erinnere mich noch gut, wie irritiert ich war, als mich kurz nach unserem Umzug, will sagen „Übersiedlung", nach Wien eine Passantin auf unseren Hund ansprach, den ich gerade ausführte. Das sei ein wirklich schönes Tier; ob sie es wohl „angreifen" dürfe!

Allerdings bin ich kein gelernter, sondern nur ein angelernter Österreicher, ein „naturalisierter", wie das in der österreichischen – verwirrenderweise deutschen – Amtssprache heißt, ein Zugereister mit österreichischem Pass und doppelter Staatsbürgerschaft. Ich bin kein Tourist, wie die meisten Piefkes („Piefke" hieß übrigens der Rauhaardackel einer Tante von mir), die man in der Urlaubszeit in herzlicher Abneigung willkommen heißt und gern wieder los wird. Noch heute, nach siebzehn Jahren, die ich schon in Wien lebe, kann es mir passieren, dass man mir „noch einen schönen Aufenthalt" wünscht. Dass ein Deutscher nach Österreich gekommen sein könnte, um zu bleiben, scheint schwer vorstellbar zu sein. Auch wenn ich nie ein gelernter Österreicher werde, bedeutet mir meine österreichische Staatsbürgerschaft doch viel, ganz im Sinne jenes Verfassungspatriotismus, der das französische Verständnis von Nation prägt und den der Philosoph Jürgen Habermas den Bürgern der Bundesrepublik Deutschland – inzwischen längst ein Einwanderungsland – nahezubringen versucht.

Ich sehe Österreich und seine Bewohner längst nicht mehr nur mit dem Blick von außen, sondern auch mit dem Blick von innen, wobei sich der Blick im Laufe der Jahre mehr von außen nach innen verschoben hat, während es mir in Deutschland gerade umgekehrt geht. Das hängt auch damit zusammen, daß sich Deutschland seit meinem Weggang stark verändert hat. Wenn ich heute nach Deutschland reise, was durchaus häufig geschieht, besuche ich doch ein anderes Land als das, in dem ich die ersten drei Jahrzehnte meines Lebens verbracht habe. Ich bin 1992 aus beruflichen Gründen nach Wien gekommen, zwei Jahre also nach der deutschen Wiedervereinigung. Aufgewachsen bin ich in der „alten Bundesrepublik", mit Bonn als Hauptstadt. Mit dem Beitritt der „neuen Länder" und dem Umzug der Regierung von Bonn nach Berlin entstand die „Berliner Republik". Das alles habe ich von Wien aus verfolgt, aber nicht unmittelbar miterlebt. An der jüngeren gesellschaftlichen und politischen Entwicklung des Landes war und bin ich nicht mehr beteiligt. Das beeinflusst nicht nur meine intellektuellen Anschauungen, sondern auch mein Empfinden und Erleben.

Ich bin Theologe. Zu meiner Identität gehört, dass ich evangelisch bin. Aufgewachsen in einem mehrheitlich evangelischen Gebiet gehöre ich nun zu einer religiösen Minderheit mit einer zum Teil leidvollen Geschichte von Unterdrückung und Vertreibung. Österreich ist schließlich nicht bloß mehrheitlich katholisch, sondern das Land der Gegenreformation. Das spürt man bis heute – trotz des Zweiten Vatikanischen Konzils und der vorbildlichen Ökumene.

Symbol der Gegenreformation ist zum Beispiel der Wallfahrtsort Mariazell. Dort, wo Österreich am katholischsten ist, wird Maria bis heute als „Magna Mater Austriae", als große Mutter Österreichs verehrt. Die Wallfahrten nach Mariazell waren in der Reformationszeit praktisch zum Erliegen gekommen. Nach der Gegenreformation wurde der Ort für die Habsburger zum Nationalheiligtum, das gleichermaßen den Protestanten wie den Türken widerstanden hatte. Nachdem im Herbst 2000 die Sanktionen der übrigen EU-Staaten gegen die schwarzblaue Regierung unter Bundeskanzler Schüssel aufgehoben wurden, wallfahrteten die Regierungsmitglieder der ÖVP nach Mariazell. Selbst der protestantische Wirtschaftsminister empfing dort vom Wiener Erzbischof die Heilige Kommunion

– während doch sonst bis heute jede Abendmahlsgemeinschaft zwischen Evangelischen und Katholiken von der Katholischen Kirche abgelehnt wird. Aber auch der sozialdemokratische Bundeskanzler Alfred Gusenbauer machte der Magna Mater Austriae 2007 seine Aufwartung, nachdem er überraschend die Wahlen gewonnen hatte. Bei dieser Art von österreichisch-katholischer Zivilreligion fühlt man sich als Evangelischer ausgeschlossen. Aber Juden und Muslimen wird es kaum anders gehen.

In Wien gibt es ebenfalls Zeugnisse einer antievangelischen Marienverehrung. So steht in der Franziskanerkirche die holzgeschnitzte Gnadenstatue *Maria mit dem Beil* auf dem Hochaltar, auch sie eine Art Denkmal der Gegenreformation. Der Überlieferung nach stammt die Statue aus Grünberg in Böhmen. Die Herren von Grünberg waren evangelisch und wollten die Statue zerstören. Sie widerstand jedoch auf wundersame Weise allen Versuchen „ketzerischer" Protestanten, sie mit Feuer oder mit der Axt zu vernichten. Einzig ein Hieb in die linke Schulter soll einem Attentäter gelungen sein, ehe er starb. Katholische Mitglieder der Familie brachten die Statue wieder zu Ehren. Kaiser Ferdinand II. ließ sie 1635 in feierlicher Prozession auf den Platz am Hof bringen. In der Folgezeit haben mehrere Habsburger bei dieser *Maria mit dem Beil* um den Sieg gegen Türken und Protestanten gebetet. Die Gnadenstatue bei den Franziskanern wurde zum Mittelpunkt inbrünstiger Volksfrömmigkeit in Wien. Eine Kopie der Wiener *Maria mit dem Beil* wird übrigens in der Wallfahrtskirche *Maria mit der Hacke* in Waldenstein im Waldviertel verehrt.

Monika Salzer und Peter Karner schreiben in ihrem Buch über das Evangelische Wien *Vom Christbaum zur Ringstraße:* „Evangelische fanden über Jahrhunderte keinen angenehmen Platz in Österreich – wer will denn schon Reformen? –, sondern waren heimatlos." Für deutsche Zuwanderer galt das ganz besonders, gerade auch nach der gewaltsamen Austrifizierung nach 1945. „Noch heute", so Salzer und Karner, „hört man die Gleichung ‚evangelisch ist deutsch'." Das kann ich bestätigen. Dabei ist doch die Geschichte Österreichs ohne die Geschichte des Protestantismus nicht nachvollziehbar.

Glaube und Heimat heißt der jährlich erscheinende Almanach der Evangelischen Kirche in Österreich, genauso wie das 1910 am

Wiener Volkstheater uraufgeführte Drama von Karl Schönherr, das die Vertreibung evangelischer Bauern aus Tirol erzählt. Zur wechselvollen Geschichte evangelischer Identität gehört freilich auch die Los-von-Rom-Bewegung zwischen 1897 und 1918, deren Ziel nicht nur die Protestantisierung der österreichischen Katholiken, sondern auch die Eingliederung der deutschsprachigen Gebiete Österreichs in das Deutsche Reich war, gehören die Erfahrungen mit dem austrofaschistischen Ständestaat wie die kritische Beschäftigung mit der Rolle der Evangelischen Kirche nach dem „Anschluss" 1938 und ihrer Haltung zum Nationalsozialismus.

Evangelisch sein in Österreich, das ist für mich eine produktive Herausforderung. Der bedeutende österreichische evangelische Theologe Wilhelm Dantine hat vom protestantischen Abenteuer im nicht-protestantischen Raum gesprochen. Der Satz gefällt mir. Evangelische können das Salz in der Suppe sein. Dantine hat auch entscheidend zur Öffnung des österreichischen Protestantismus gegenüber Politik und Gesellschaft beigetragen. Häufig habe ich den Satz gehört: „Evangelisch sein heißt anders sein." Aber das bloße Anderssein genügt nicht, um heute positiv zu erklären, worin evangelische Identität in Österreich besteht. Nicht katholisch zu sein ist noch kein Ausweis evangelischer Gesinnung. Es kommt doch darauf an, positiv zu vermitteln, worin nach evangelischem Verständnis die Freiheit eines Christenmenschen besteht, und diese zu leben. Die Freiheit, zu der die Christen berufen sind, soll der Liebe Raum geben, in der einer für den anderen da ist. Evangelische Gewissens- und Glaubensfreiheit gründen in der biblischen Überzeugung, dass es die Wahrheit ist, die uns frei macht. Der Wahrheit aber wird nur durch das freie Wort und die Freiheit zur Kritik gedient, nicht durch Gewalt oder autoritäre Bevormundung. Zum Evangelischsein gehört der Mut, sich öffentlich einzumischen und das Wort zu ergreifen, statt sich an Grillparzers Verse zu halten: „da tritt der Österreicher hin vor jeden, denkt sich sein Teil und läßt die anderen reden!"

Am Vorabend des Ersten Weltkriegs hat Karl Kraus von Österreich als der Versuchsstation des Weltuntergangs gesprochen. Der Untergang der Habsburger Monarchie ist ein beherrschendes Thema der österreichischen Literatur. Merkwürdigerweise war es mein eigenes Interesse am Weltuntergang, das mich nach Wien führte. Ich habe mich nämlich mit einer theologischen Arbeit zur Apokalyptik habilitiert und wurde bald danach an die Universität Wien berufen. Es ist die spezifische Wiener Art, sich der Katastrophalität des Lebens zu stellen, der ich einiges abgewinnen kann. Jörg Mauthe – übrigens ein Evangelischer! – hat ein Buch hinterlassen zum Thema: „Der Untergang in Wien und wie man ihn überlebt". Die Lage ist eben hoffnungslos, aber nicht ernst. Wie man den Weltuntergang überlebt, schildert Mauthe auch in seinem satirischen Roman *Die große Hitze oder Die Errettung Österreichs durch den Legationsrat Dr. Tuzzi.* (Ein Kabinettstück ist das Zwischenkapitel, in dem Mauthe anhand der im Interministeriellen Komitee verwendeten Grußformeln eine Einführung in das unergründliche Wesen des österreichischen Beamtentums gibt. Bis ich nach Wien kam, hielt ich übrigens Kafkas Erzählungen und Romane für surreale, existenzialistische Prosa. Inzwischen weiß ich aus eigener Erfahrung, dass es sich um kakanische Erlebnisberichte handelt!) Mauthe hat die apokalyptischen Herausforderungen unserer Tage auf typisch evangelische Weise angenommen. Als Kommunalpolitiker zitierte er das pseudonyme Lutherwort: „Und wenn morgen die Welt unterginge, würde ich heute ein Apfelbäumchen pflanzen." Für den Westfalen darf es die Sorte Boskoop sein.

Ulrich H. J. Körtner, geboren 1957 in Hameln, seit 1992 in Österreich. Studium der Evangelischen Theologie in Bethel, Münster und Göttingen, 1982 Promotion, 1987 Habilitation an der Kirchlichen Hochschule Bethel. Von 1986 bis 1990 Gemeindepfarrer in Bielefeld, von 1990 bis 1992 Studienleiter an der Evangelischen Akademie Iserlohn. Seit 1992 Ordinarius für Systematische Theologie an der Evangelisch-Theologischen Fakultät der Universität Wien.

Liebe Österreich oder: Quasi ein Labyrinth

Gundula Rapsch über das Autofahren

Die österreichische Lieblingsbriefmarke aller meiner Zeiten in diesem Land ist schon ein paar Jahre alt. Überhaupt sind ja die Briefmarken hier viel fantasievoller als in Deutschland. Ich durfte einen Mann kennenlernen, der ungezählte dieser Marken gestaltet hat, das ist ja eine echte Fummelarbeit, lieber Himmel, aber, wo war ich, ach ja, meine Lieblingsbriefmarke. Sie verewigte den Spruch eines Mannes, den ich mit Fug und Recht als meinen Austria-Initiations-Meister bezeichnen darf, Helmut Qualtinger. Seinen *Herrn Karl* musste ich mir, unerheblich wenige Tage nach meiner Ankunft in Wien, von frischen Freunden verordnet, auf „Video" anschauen, so hieß das damals noch.

Ich war sehr fasziniert und verstand kein Wort …

Aber das tut nichts zur Sache jetzt, Briefmarke, da war ich.

Also jedenfalls stand doch da drauf, auf der Marke, Zitat Qualtinger:

„Österreich ist ein Labyrinth, in dem sich jeder auskennt."

Aha. Ein schöner Satz. Das ist interessant.

Aber: Ich kenn mich eben immer noch nicht so richtig aus.

Wie ist denn das eigentlich?

Nun fragt sich der aufmerksame Leser verständlicherweise längst, was dieser Satz des Herrn Qualtinger, Urgestein österreichischer Kulturszene, mit dem Autofahren in der Stadt am Strome zu tun hat, wie es im Titel versprochen wird und ich sage: bitte, danke, küss die Hand, sehr viel.

Der österreichische Automobilfreund kommt über Umwege zum Ziel, was der Beschreibung eines Labyrinths gerecht werden dürfte.

Wo ich herkomme, werden die Leute als rau aber herzlich und direkt bezeichnet.

Was mich direkt zum eigentlichen Inhalt und Titel dieser Zeilen bringt, um die ich gebeten wurde. Man möge mir nachsehen, dass ich, nach vielen Jahren des freiwilligen Exils in diesem Land, die Kunst erlernt habe, über Umwege schließlich doch auf den Punkt zu kommen, denn ich darf bis 14 000 Zeichen verwenden für den Beitrag in diesem Buch.

Das sind eine Menge möglicher Buchstaben für einen winzigen Augenblick, welcher mein Herz bewegt, in diesem Land, täglich, mehrmals, für wenige Sekunden, ich rede von Adrenalinausschüttung, dem Stresshormon, einem der Antriebe menschlichen Seins, hier sei sie, die Ergänzung des Titels: „Das Verhalten des Ureinwohners in der Hauptstadt an der grünen Ampel."

Grün ist eine schöne Farbe. Vor allem, wenn man in Wien lebt. Wienerwald, Veltliner, Lobau, Grüngürtel. Grün ist die Hoffnung. Hoffen, genau das tue ich jedes Mal, wenn eine Ampel in dieser Stadt auf Grün springt: hoffen, dass der liebe Mitbürger mit Wiener Kennzeichen vor mir losfährt. Aber das tut er nicht. So gerne er bei der Gelbphase, die eigentlich schon hellrot leuchtet, noch in die bereits verstopfte Kreuzung hineinprescht, um sie dann für den Gegenverkehr komplett zu blockieren, so ungern fährt er los bei Grün.

Nein, das tut der s.g. Mitbürger nicht wirklich gern, besonders nicht, wenn die Kreuzung frei ist

Ja, auch ich habe ein Wiener Kennzeichen und bin nun so gar keine Wienerin, kann aber nicht von mir auf andere schließen.

Wer da wohl im Auto vor mir die grüne Ampel aussitzt?

Das kann ja, nicht nur aus historischen Gründen, sehr buntvölkchenhaft sein in dieser Stadt. Wenn das Internet nicht lügt, beträgt der Ausländeranteil im Jahre 2009 in Wien 20,1 Prozent.

Das ist fast schon Multikulti, toll, gefällt mir, da gibt es viel zu erleben, aber ich springe schon wieder von Hölzchen auf Stöckchen, also, wo war ich jetzt, genau, statistisch gesehen sitzt dann im Auto vor mir an der grünen Ampel doch ein echter Wiener, oder nicht?

Und es ist grün. Und er fährt nicht. Bitte. Los!

Lange habe ich mir die Frage gestellt, ja, warum geht's denn nicht los?

Ist doch grün, grüner wird's in der Regel nicht. Das habe ich so in der Fahrschule gelernt, grün = fahren. Da gibt es keine Nuancen, so wie beim blinkenden Gelb. Und blau als zwischengrün kommt nicht vor bei Ampeln. Also, warum nicht?

Ich habe die Antwort gefunden. Das muss es sein.

Es hat was mit dem Rot zu tun. Dem Grün vorgeschaltet – die rote Meditation.

Rot. Leidenschaft, Blut, Wärme, Leben.

Zeit zum Denken, Zeit zum Sein. Zeit zum Atmen. Zeit für den Lippenstift, für ein Telefonat, für die Zeitung, für den Parkschein, den man gleich brauchen wird im 1. Bezirk, wo es keine Parkplätze gibt.

Ja, klar! Warum. Warum sollte jemand losfahren, wenn es grün ist, gilt es doch, so vieles gedanklich zu erfahren, bestaunen, wahrzunehmen in dieser schönen Ruhephase vor dem Grün …

Hab ich noch Futter für den Hund? / Die Premiere in der Oper war ein Traum gestern …! / Heasthaaßheut! / Das war der beste Kuss aller Zeiten eben … / Ich muss unbedingt zum Zahnarzt vierlinksobenweh. / Sehr ungustiös der Ton dieses Politikers, das gibt einen Leserbrief!!! / Wo parke ich gleich, bin schon spät dran … Oh! Grün! Es ist grün … / Gut. Noch mal atmen. Dann fahr ich einmal los, grün ist's. Ich krieg eh keinen Parkplatz.

So oder so ähnlich muss sich das abspielen beim geschätzten Mitbürger vor mir. Könnte auch eine Frau sein, so genau sieht man das ja nicht wegen der Kopfstütze.

Also ich wäre ja längst schon, Poleposition, grün, cool, Parkplatz am Hof, teuer, aber frau wird eingewiesen mit genauer Angabe, mann wohl auch, toll, Weltstadt, dann schaff ich's pünktlich zum Termin, nee, zu teuer, ich hab's eilig, vielleicht hinter der Freyung, hab ich noch Parkscheine? Mist, hab ich nicht, ich will meine gute alte Parkscheibe wieder, aber das ist sentimentaler Schnee aus D-Land, warum mache ich das nicht endlich mit dem Handy …

Hallo! Hallo!!!! HALLO!?

Fahr doch!!! Mensch! GRÜN!

Die Ampel zeigt grün, ich bin nicht in der Poleposition und warte noch ein bisschen. Ergebe mich. Denke an meinen archivierten Meldezettel aus den Zeiten vor der EU, wo in roten Lettern AUSLÄNDER draufsteht, nur nicht vergessen, daran hat sich auch nach Eintritt in die EU nichts geändert.

Trällere ein bisschen: „Fremdbinicheingezogenfremdziehichwiederaus“, ich bin nirgendwo zuhaus, wie alle anderen auch nicht, die woanders wohnen als heimatlich, schimpfe lieber nicht nach vorne: „Hast du deinen Führerschein im Lotto gewonnen?“ Oder sehr beliebt hier: „Heast Depperte, bist ogrennt, drah di ham, Oide!!“

Nein, so will ich nicht schimpfen.

So übe ich mich tapfer im positiv Denken beim Warten auf das Prinzip grüne Hoffnung. In der Steiermark wird das Unterrichtsfach Glück eingeführt im kommenden Schuljahr. Wien ist bekanntlich anders, wird wohl noch dauern hier, mit dem Glück und dem Losfahren, und sind die in D-Land auch schon drauf gekommen, was für eine gute Idee, jetzt sei nicht so deutsch, Ampeln sind einfach Ampeln, das hat nichts mit Ausland zu tun.

Oder doch?

Er/sie fährt immer noch nicht. Was tun?

Der Moment der Entscheidung.

Ich stelle mir vor: Im nicht losfahrenden Auto vor mir an der grünen Ampel in Wien sitzt mein genialer Friseur; oder meine engelsgleiche Freundin Jo; meine heilende Kosmetikerin, meine weise Ärztin oder mein bleibend liebevoller Exliebhaber; oder die alte Dame aus dem Hohe Warte Frauensonnenbad, die mir Mittelalterlichen immer zuruft: „Und jetzt rein ins Vergnügen, Mädchen!“; oder mein bester JimiHendrixSchwager aller Äonen. Zum Beispiel! Die könnten jetzt da vor mir im Auto sitzen – ausgestattet, alle, mit einem österreichischen Pass und Akzent – und auch nicht losfahren bei Grün.

So sehe ich mich plötzlich aussteigen, sie umarmen, fragen, wie es ihnen geht … Mein zentrales Nervensystem beschließt eine Umstellung auf Endorphine. Das stimmt mich in der Sekunde sehr, sehr glücklich. Das ist die Lösung.

Wenn ich auch nicht weiß, wer mich erwartet, das mache ich jetzt!

Ich steige aus, umarme sie/ihn und frage, wie's geht. SUPER.

Ist ja Grünzeit. Prinzip Hoffnung.

Habe den Finger schon am Türöffner … Ups.

Schade.

Eben nun endlich fährt der/die geschätzte Mitbürger/-in los.

Na bitte, geht doch. Grün. Danke. Bewegung.

Und wo park ich jetzt?

Gundula Rapsch, geboren 1963 in Bochum, seit 1988 in Österreich. Schauspielerin, Masseurin. Kammerspiele München, Theater der Jugend München, Josefstadt Wien, Volkstheater Wien u. v. a. Rollen in *Stella, Iphigenie auf Tauris, Nathan der Weise, Quartett,* Film/Fernsehen in Deutschland und Österreich, z. B. *2. Hand, Tatort, Dolce Vita, Heiße Spur,* Förderpreis zur Kainz-Medaille, Schauspielerin des Jahres ORF 2002.

Berlin – Wien, gemischtes Doppel

Reinhard Urbach über Phlegma und Doppelzüngigkeit

Vor vierzig Jahren erzählte Heinrich Schnitzler, der Sohn Arthur Schnitzlers, knapp aus dem amerikanischen Exil zurückgekehrt und beliebter Regisseur des Theaters in der Josefstadt, von einem bekannten deutschen Kritiker, der ihm gestanden habe: „Ich komme jetzt zum ersten Mal nach Wien. Es wird mir nicht gefallen." Vor Kurzem sagte Anja Kruse – auf Gastspiel in Wien – in einem Interview, sie habe zwar schon einmal acht Jahre in Wien gelebt, dann aber schnell wegmüssen, sonst wäre sie in einen k. u. k.-Tiefschlaf gefallen.

Es fiele leicht, sich über so viel Vorurteil und Unbehagen zu entrüsten. Aber vielleicht wäre es doch zuträglicher, zu fragen, woher solch vorgefasste Meinungen und Schlummerangst kommen.

Man muss weit in der Geschichte zurückgehen, bis man auf zwei große Motivationen stößt, die die norddeutsche Antipathie gegen die Kaiserstadt genährt haben. Aus gutem Grund. Einmal die Gegenreformation ab der Mitte des 16. Jahrhunderts. Wien und große Teile Österreichs waren schon protestantisch geworden, als die Habsburger mit einem gewaltigen Ruck das Ruder herumwarfen und mit Hilfe der Jesuiten die Bevölkerung mit List und Lust (also Intelligenz und sinnfälligem Gepränge) re-reformierten. Das konnte den überzeugten und in ihrer Überzeugung sehr bald auch verhärteten Protestanten jenseits des Mains nicht behagen. Die Wiener wurden zu Popanzen des Papstes, das Geschwür des Barock überzog das Gelände und durchdrang die Seelen. Die Todestrunkenheit wurde allabendlich beim Heurigen sangesfroh bekräftigt. Noch 1781 stellt der Berliner Aufklärer Friedrich Nicolai in seinem Reisebericht aus Wien fest: „In neuern Zeiten war, bis zur Alleinregierung des Kaisers [Josephs II.], wenn in Wien von jemand die Rede war, nicht die erste Frage: Ist er ein ehrlicher Mann? Sondern: Ist er recht tüchtig katholisch?"

Das Paradoxe dabei war, dass die Wiener lange Zeit geheime Protestanten blieben, die nur nach außen vorgaben, zum alten Glauben bekehrt worden zu sein. Friedrich Heer bezieht in seinem eigenwilligen und aufregenden Buch über den *Kampf um die österreichische Identität* die Ratlosigkeit der Deutschen, wenn sie auf Wiener treffen, auf dieses Phänomen. „Doch wie's da drin aussieht, geht niemand was an." Die Wiener Doppelzüngigkeit habe hier ihren Ursprung. Nur ja nicht das sagen, was man meint. Man könnte sich damit unbeliebt machen. Es könnte sogar gefährlich sein.

Der andere Vorbehalt ist nicht religiöser, sondern politischer Natur. Nach dem Wiener Kongress ging in den zwanziger Jahren des 19. Jahrhunderts die Reaktion, die Unterbindung des in den Befreiungskriegen aufgeflammten gesamtdeutschen Patriotismus, von Österreich aus. Der neue Popanz der gewaltsamen Reduktion des Nationalismus auf regional begrenzte und beherrschte Territorien hieß Metternich und verordnete das Phlegma. Wie Adolf Glassbrenner 1836 in einem seiner *Träume aus Wien* schreibt: „Ich sah eine ungeheure Wiege, rings von Bergen eingeschlossen, darinnen lag ein gutes, kräftiges Volk. Und auf einem dieser Berge saß der hohe Beamte und wiegte und sang eine Hymne, damit das Volk schlafe."

Die Wut der aus Preußen kommenden Wienreisenden richtete sich gegen die Einwohner dieses rückständigen Staates. Waren sie nicht zu genusssüchtigen Spießern und Biedermeiern mutiert, die der bequemen Beschaulichkeit pflogen?

Zwar hatten schon die Weimarer Klassiker in einer ihrer *Xenien* geätzt:

„Mich umwohnt mit glänzendem Aug' das Volk der Phaiaken.
Immer ist's Sonntag, es dreht immer am Herd sich der Spieß."

Und Nicolai schon hatte vorgerechnet, dass je vier Wiener pro Jahr einen Ochsen verzehrten. Doch das war nur spöttisch konstatiert worden – bei Nicolai gepaart mit der Schadenfreude, dass der genusssüchtige Durchschnittswiener zur Strafe bald nach seinem 40. Lebensjahr an Überfettung starb. Bei Karl Gutzkow aber nimmt die Feststellung, dass „Wien damals über Backhähneln und Straußschen Walzern die Weltgeschichte vergessen zu haben schien" die Gestalt einer moralischen Rüge an. Heinrich Laube sekundiert ihm: „Backhendln sind bekanntlich der Mittelpunkt der österreichischen

Nationalität. Es ist ein Fehler, dass die Österreicher nicht ein Backhendl im Wappen haben."

Es ist Zeit, zum Gegenschlag auszuholen: „Ruhe ist die erste Bürgerpflicht" ist keine Wiener, sondern eine Berliner allerhöchste Anordnung. Und die Völlerei ist in Berlin gang und gäbe, wird schon im 15. Jahrhundert vermerkt: „leben heißt bei ihnen [den Berlinern] nichts anderes als essen und trinken." Und keiner hatte im Vormärz geglaubt, dass es einen März geben würde, in dem ausgerechnet die gemütlichen Wiener als Erste Revolution machten.

Auch die Wiener Doppelzüngigkeit, die eine ausgefuchste Fertigkeit in der Überlistung der Zensur zu Tage förderte, war in Berlin nicht unbekannt. Nestroys Gastspiele in Berlin waren umjubelt. Wiener Schmäh und Berliner Pfiffigkeit standen einander in nichts nach.

Versöhnliche Töne stimmen die Reisenden „aus dem Reich" unisono dann an, wenn es um die Wiener Frauen und ihre Nahbarkeit geht. Der gestrenge Ernst Moritz Arndt schwärmt von der „schön-weibrigen Stadt". Justinus Kerner begeistert sich für einen Tanzpalast in der Vorstadt: „In diesem Saal übersiehst Du mit einem Blick so viel schöne Mädchen, als in Tübingen Einwohner sind." Heinrich Laube badet im Klischee und verschluckt sich dabei: „Die Liebenswürdigkeit der Wiener Damen ist so allgemein bekannt und unwidersprochen wie die Gemütlichkeit der Wiener im allgemeinen. Man kommt in Verlegenheit, wenn man ihre äußere Schönheit definieren soll. Nicht die feinen Figuren bezaubern, wenn auch der Körper straff und fest aussieht. Das Fleisch der Wienerinnen ist frisch und blühend." –

Willibald Alexis schließlich mahnt zum Ausgleich: „Der Austausch zwischen Östreich und Preußen, der gering an Produkten, aber an geistigem Leben immer munterer wird, ist etwas Erfreuliches in einer nicht erfreulichen Zeit. Was man ehedem wollte, dass es notwendige Gegner, Feinde wären, ist unwahr, es sind nur notwendige Gegensätze im germanischen Leben."

Darauf läuft es wohl hinaus. Als vor dreißig Jahren der österreichische Dramaturg des Bonner Stadttheaters zum deutschen Dramaturgen des Wiener Burgtheaters kam und eine Kooperation der beiden „Hauptstadttheater", wie er sagte, vorschlug, war das hochmütige

Erstaunen über dieses Ansinnen grenzenlos. Nun aber hat die EU zwei deutschsprachige Hauptstädte in ihrer Mitte, die sich aufeinander beziehen können. Als ein gemischtes Doppel. Und wenn die Hauptstadt des Großstaates auch größer ist als die Hauptstadt des Kleinstaats, so ist diese doch älter und bezieht ihren Überlebenswillen und ihren Wettbewerbsimpuls daraus, so jung zu bleiben wie jene. Es muss einem nicht alles gefallen, aber man soll auch nicht einschlafen dabei.

Reinhard Urbach, geboren 1939 in Weimar, Studium in Köln und Bonn, seit 1964 in Wien. Wissenschaftlicher Mitarbeiter der Österreichischen Gesellschaft für Literatur, Literaturreferent im Kulturamt der Stadt Wien, Gründer des *Literarischen Quartiers* in der Alten Schmiede, Leiter der Dramaturgie des Burgtheaters, Direktor des Theaters der Jugend.

Beim Wirten

Thomas Askan Vierich über das Wirtshaus

Gäbe es das Wirtshaus nicht, es wäre nicht zum Aushalten. Das Leben, die Leute, Österreich. Deutschland ist nicht zum Aushalten. Denn dort gibt es kein Wirtshaus. Zumindest außerhalb Bayerns nicht. Und in Bayern ist es aus anderen Gründen nicht zum Aushalten.

An einem gewischten Resopaltisch, auf einfachen Holzstühlen, die knarzen, wenn man sich auf ihnen niederlässt, mit einem heranschlurfenden Wirten, der einem stumm zunickt und dessen Miene sich erst aufhellt, wenn man das richtige Gericht bei ihm bestellt (auch Wirten haben Lieblingsgerichte, vielleicht auch nur Tagesfavoriten – deshalb lächeln sie, wenn man das Kalbsgulasch nimmt, vielleicht weil es weg muss, vielleicht weil es heute besonders gut ist), an einer Schank, die dreimal so alt ist wie der Wirt und von ihm liebevoll gepflegt wird, mit einem sauber gezapften, bronzenen Bier oder einem Achterl Veltliner aus der Literflasche – mit solchen Dingen kann man sich vom Weltschmerz erholen.

Oder erst so richtig in ihn eintauchen. In guter Gesellschaft. Sitzen und sitzen und reden und reden. Am Anfang über Politik. (Je kleiner ein Land, desto lächerlicher seine Politiker.) Nach ein paar Achterln und der Suppe (Suppen können sie ganz besonders gut hierzulande – was gibt es Besseres als eine Rindsbrühe mit Nockerln?) wendet man sich dem Leben und der Liebe zu.

Besonders über das Leben (zur Liebe kommen wir vielleicht später) kann man in Österreich trefflich reden. Denn das muss man diesen manchmal etwas schlecht gelaunt wirkenden und bös denkenden Menschen, deren Hauptcharakterzug der Neid zu sein scheint, lassen: Sie wissen das Leben zu genießen. Das tun sie mit Vorliebe im Gasthaus. Oder beim Heurigen. Was letztlich auch ein Gasthaus ist, nur mit leicht abgewandelter Speisenfolge. Da sitzen sie dann und jammern und freuen sich, dass sie jammern. In Deutschland jammern sie auch, aber da meinen sie es ernst. Und freuen sich ganz bestimmt nicht.

Der Österreicher meint selten etwas wirklich ernst. Nicht einmal mehr die Nennung seines Titels. Gut, ein Kommerzialrat ist wohl immer noch ein ernst gemeinter Kommerzialrat. Aber die Frau Magistra, immerhin hat sie studiert, vielleicht sogar im Ausland, muss über ihren Titel schon lachen. Manchmal. Heimlich.

Deutsche nehmen schwer, was Österreicher nicht ganz so streng sehen. Das Rauchergesetz. Die Pünktlichkeit. Die Länge einer Mittagspause. Die tatsächliche Höhe einer bei zu großer Geschwindigkeit zu entrichtenden Geldbuße. Hier kann man über alles verhandeln. Hier gibt es immer einen Spielraum. Das macht das Leben in diesem Land so angenehm. Sogar das Arbeiten. „Ob wir den Termin halten können?", fragt ängstlich der Deutsche. Und ist schon lange vor dem Termin fertig. Der Österreicher verdrängt erst einmal, dass es überhaupt einen Termin gibt. Dann fürchtet er sich kurz und geht ins Wirtshaus. Dort vergisst er, dass es jemals einen Termin gegeben hat. Am nächsten Tag fällt ihm der Termin ein. Er ruft an. Fragt, ob sich das eh morgen noch ausgeht. Und natürlich geht sich das eh morgen noch aus. Er geht beruhigt ins Wirtshaus. Am nächsten Tag nimmt er all seine Kräfte zusammen und erledigt den Job. Dabei jammert er ausgiebigst über den Stress, den er immer hat. Und geht anschließend ins Wirtshaus.

Ob diese Schwere daher rührt, dass ein Großteil Deutschlands protestantisch ist? Und Österreich katholisch? Sind Katholiken die entspannteren Menschen? Sie können jeden Scheiß machen und anschließend beichten. Ein echter Lutheraner muss sich tagtäglich abmühen, um Gott zu gefallen. Mit einem Rosenkranz ist es da nicht getan. Deshalb ist der Bayer an sich der bessere Deutsche. Aber in Bayern wählen sie mehrheitlich seit über fünfzig Jahren immer die falsche Partei.

Österreich hatte immerhin mal eine rote Regierung. Ach, hat es jetzt auch? Fällt gar nicht auf. Faymann ist halt doch kein Kreisky. Kann sich noch jemand an Gusenbauer erinnern? Hat wirklich jedes Land die Politiker, die es verdient? Dann müsste man sofort auswandern. Aber wohin? Zurück nach Deutschland geht nicht. Der Zustand der dortigen Sozialdemokratie ist noch trauriger. Also bleiben wir lieber da. Sollte die zweite Garde der „Feschisten“ (©Armin Thurnher) hier tatsächlich noch einmal an die Macht kommen, müsste man neu nachdenken. Nach Italien? Zu Leuten, die mehrheitlich und wiederholt Berlusconi toll finden? Doch Frankreich? Zu komplizierte Sprache. Schweiz? Gott bewahre, viel zu kalvinistisch! Spanien? Zu viele Deutsche. Der Osten? Zu weit im Osten.

Bleiben wir also da – und gehen ins Wirtshaus. Genießen gekochtes Rindfleisch, panierte Fleischstücke, Salzburger Nockerln (das Beste, was jemals aus Salzburg gekommen ist!), Gulasch, Zwiebelrostbraten. Innereien müssen nicht sein, obwohl sie auf deren Zubereitung hierzulande besonders stolz sind. Wohl zu Recht.

Und was ist nun mit der Liebe? Sie hat mich ursprünglich an die Donau gelockt. Das erste Buch, das sie mir zur Begrüßung schenkte, war ein Kochbuch. Die klassische österreichische Küche, nach Bundesländern sortiert. Vorne steht als Widmung drin: „Liebe geht durch den Magen.“

Gehen wir also ins Wirtshaus. Und reden über die österreichische Seele, die berühmt-berüchtigte. Immerhin haben sie eine. Man sollte aber nicht zu viel darüber nachdenken. Und auch nicht zu viele österreichische Filme schauen. Sonst könnte man genauso depressiv werden. Da wohnen die Wiener in der lebenswertesten Stadt der Welt und haben permanent schlechte Laune. Gut, in den engen Tiroler Tälern kann man schon schlecht drauf kommen, von Kärnten trotz der schönen Landschaft ganz zu schweigen – und im Burgenland feiert sich das dickbackige und -bäuchige Patriarchat immer noch selbst. Aber in Wien? Wenn die Berliner in ihrer anstrengenden, lauten, armen und ziemlich hässlichen Stadt einen Grant haben, ist das nachvollziehbar. Aber in Wien? Die sandgestrahlten imperialen Prachtbauten an der Ringstraße können einen an schlechten Tagen schon auf den Magen schlagen. Aber der Rest? Eine einzige Einladung an den Flaneur. Und an jeder Ecke ein Wirtshaus. Fast alle sind gut. Man braucht gar nicht immer sein Stammbeisl aufzusuchen. Ab und zu kann man sich sogar ins Kaffeehaus setzen. Obwohl das Wirtshaus besser ist. Handfester, reeller. Man sollte nie ein Bier in einem Kaffeehaus trinken. Das ist so, als würde man in einer Dortmunder Kneipe ein Gulasch bestellen.

Und man sollte nie mit einem Österreicher über Fußball reden. Die schlimmsten Zeiten für in Österreich lebende Deutsche sind große internationale Fußballturniere. Wenn die Deutschen Fußball spielen, verliert der Österreicher jegliche Objektivität. Dann wird er zum Türken, Tschechen, Spanier oder Russen. Er hält immer zum Gegner. Wenn die Deutschen gewinnen, was sie zum Leidwesen des Österreichers meistens tun, haben sie immer nur Glück gehabt. Später dann, im Wirtshaus, nach dem vierten oder fünften Achterl, gibt auch der Österreicher zu, dass die Piefkes schon ganz gut gespielt haben. Und akzeptiert mit einem Achselzucken, dass die hiesige Bundesliga tatsächlich eine Operettenliga ist. Und Rapid ein Dorfverein mit hitlerfreundlichen Anhängern. Aber auch das ist letztendlich auszuhalten. Im Wirtshaus. Der echte österreichische Fußballfan schaut eh nur noch *Champions League.* Auch weil da in letzter Zeit die Deutschen eher selten auftreten. Und heimlich guckt er die deutsche Bundesliga.

Der Österreicher hasst die Piefkes nicht wirklich. Braucht er auch nicht. Die hassen sich selbst genug. Man kann als Deutscher dem Österreicher keinen größeren Gefallen tun, als über die Piefkes herzuziehen. Dann gerät er sogar in Versuchung, diese zu verteidigen. „So schlimm seid ihr eh nicht", sagt er. „Und du bist eh kein Piefke. Magst noch a Achterl?" Im Wirtshaus sind alle gleich. Sogar die Piefkes. Wenn sie nicht gerade nach einem Pils verlangen.

Thomas Askan Vierich, geboren 1964 in Hannover, aufgewachsen in Franken, Studium in Berlin. Dort lange Redakteur für Essen und Trinken. Seit 2002 hauptsächlich in Wien lebend, arbeitet als Redakteur für den *Falter* Verlag. 2006 *Tödliche Delicatessen,* ein kulinarischer, preisgekrönter Kriminalroman; 2009 *Blutgasse,* Kriminalroman; Erzählungen, Essays.

Grüß' Sie, Herr Doktor

Georg Brockmeyer über Titelsucht

„Grüß Gott, Herr Magister, ich wollte nur nachfragen ... Ja, nein, selbstverständlich. Haben Sie vielen Dank, Herr Doktor. Auf Wiederhören." Telefonate dieser Art erlebe ich in meinem Büroalltag ständig. Kunden, Lieferantinnen oder auch nur Partner des Unternehmens, für das ich im mittleren Management tätig bin, können sich kaum vorstellen, dass ich keinen Titel habe und diesen auch nicht führe. Also werde ich kurzerhand zum Magister, quasi dem Minimum dessen, was in meiner Position erwartet wird, oder gleich zum Doktor gemacht. Nicht selten erhalte ich dabei in einer Unterhaltung gleich mehrere akademische Weihen.

Übrigens nicht nur mündlich, sondern auch in Anschreiben, ja zum Teil sogar in Vertragsentwürfen.

Dabei besitze ich sogar einen akademischen Titel. In meinem Fall einen Bachelor of Arts der Humboldt Universität zu Berlin. Allerdings führe ich diesen nicht. Nicht, dass sich dieser Titel nicht auch in Österreich langsam breit machte. Häufig finde ich auf Homepages und Visitenkarten die Abkürzung bakk.phil. hinter dem Namen. Wobei das natürlich eine echte Demütigung sein muss in diesem titelsüchtigen Land, denn wie sollte eine solche Person richtig angesprochen werden, wenn der Titel hinter dem Namen steht. Frau Hofer, Bakkalaurea und Herr Hofer Bakkalaureus. Das hieße ja, den echten Namen ernster zu nehmen als den Titel. Der gehört schließlich vor den Namen – so war es immer schon.

Zusätzlich zu den akademischen Titeln gehören natürlich auch diverse Amts- und Würdentitel wie der Hofrat, die Kommerzialrätin oder der Obersenatsrat und die Stadtbaudirektorin. Wobei Letztere tatsächliche Amtsbezeichnungen und Karrieretitel der öffentlichen Verwaltung sind, Erstere jedoch verliehen werden und reine Ehrentitel sind. So wie der Titel Professor, der exklusiv vom Bundespräsidenten verliehen wird.

Dabei wird nahezu das gesamte Lehrpersonal der weiterführenden Schulen von den österreichischen Schülerinnen und Schülern als Herr oder Frau Professor angesprochen. So lernen die Österreicherinnen und Österreicher bereits im zarten Jugendalter den korrekten Umgang und die Wichtigkeit eines akademischen oder funktionellen Titels. An den Universitäten wird das Lehrpersonal dann zum o.Univ.Prof. oder a.o.Univ.Prof., um sich quasi von der akademischen Masse abzuheben. Das kleine o. steht dabei für ordentlich, das a.o. für außerordentlich. Kleine und feine Distinktionen eines lang erprobten Systems.

Für mich, den zugereisten Deutschen mit der westdeutschen Sozialisation mag das anfänglich als skurrile und zuweilen liebenswerte Marotte eines sympathischen Nachbarlandes mit imperialer Vergangenheit erscheinen. Zumal an den alpenländischen Universitäten ein vorerst recht ungewohnt liberal und amikal erscheinendes Herr Kollege bzw. Frau Kollegin vorherrscht. Obwohl der österreichische Student die Dozentin selbstverständlich nie mit Frau Kollegin anreden würde.

Doch ist der Hintergrund des österreichischen Umganges mit Titeln tiefer gehend und erhellend für das kulturelle und soziale Verständnis der Gesellschaft in der Alpenrepublik.

Der Umgang mit Titeln und die exzessive Verwendung und Betonung derselben durch den homo austriacus ist meines Erachtens Ausdruck eines tief sitzenden Minderwertigkeitskomplexes einer Gesellschaft, die ihre eigene Vergangenheit nie wirklich aufgearbeitet hat.

Nach einem ruhmlosen Ende des k.u.k. Reiches folgte eine nur von der Sozialdemokratie verteidigte Republik, ein Bürgerkrieg, ein austrofaschistischer Ständestaat, getragen von den christlich-katholischen Kräften und schließlich der von einer großen Mehrheit getragene Anschluss an Hitlerdeutschland.

Eine Debatte über das Scheitern der Republik, die Rolle Österreichs im nazistischen Deutschland fand als breiter politischer Diskurs nie statt. Gewiss gibt es auch in Österreich geschichtswissenschaftliche Debatten und wichtige Erkenntnisse, ja sogar einen weitgehenden historischen Konsens. Doch blieben diese eher auf die historischen Seminare der Universitäten beschränkt. Noch nicht einmal zwischen den demokratischen Parteien des Landes herrscht Konsens über die eigene Vergangenheit. So kann die konservative Volkspartei noch immer in ihren Parlamentsräumen dem Putschisten und Austrofaschisten Engelbert Dollfuß huldigen und diesen als Märtyrer Österreichs gegen den Nationalsozialismus verklären.

Bei einem derartigen Umgang mit der eigenen Vergangenheit ist die Titelsucht auch Ausdruck der Sehnsucht nach einer verlässlichen Ordnung, die nicht mehr existiert. Und sie symbolisiert die nicht stattgefundene Aufklärung und Emanzipation einer Gesellschaft, die ihr intellektuelles Potenzial durch zwei aufeinanderfolgende Diktaturen und die Vertreibung und Ermordung der österreichischen Juden und Jüdinnen verloren hatte.

Die Zurückgebliebenen mussten die eigene Mediokrität quasi mit der Fortführung einer überkommenen Titelordnung kaschieren. Und offensichtlich war das Land zu klein, erfolgte die Öffnung des Bildungswesens und der Universitäten zu spät, um eine eigene 1968er-Bewegung hervorzubringen. Der Muff von tausend Jahren wurde an den österreichischen Universitäten nicht hinweggefegt, geschweige denn, dass es zu einem Aufbrechen verkrusteter Strukturen gekommen wäre.

Die Modernisierung und eine sehr leise und vorsichtig auftretende Aufklärung kam von oben: Die Alleinregierungen der SPÖ unter Bruno Kreisky schufen das moderne Österreich und ermöglichten ein Mindestmaß an sozialer Durchlässigkeit. Jetzt erst kam es zu einer Öffnung der Universitäten durch die Abschaffung der Studiengebühren und eine weitreichende Bildungsreform.

Doch der Preis, den die Sozialdemokratie dafür bezahlen musste, war hoch. Eine gesellschaftliche Liberalisierung und weitreichende Demokratisierung fanden nur äußerst zögerlich statt – zu viel Rücksicht musste Kreisky auf die beharrenden konservativ-bürgerlichen Kräfte nehmen.

Da die konservative kulturelle Hegemonie nicht durchbrochen wurde, wurde deren kultureller Habitus zum Ziel der neuen sozial aufstrebenden Schichten. Quasi die österreichische Form der Sozialdemokratisierung des Titelwesens.

Dazu gehört auch die Genderisierung, nicht nur der akademischen Titel. Das hochgestellte „a“ in Mag.ª für die Magistra und das Dr.ⁱⁿ für die Doktorin, die ihren Titel selbst erworben hat und eben nicht nur die Frau Doktor, also die Ehegattin eines solchen ist, haben sich weitgehend durchgesetzt.

Erstaunlicherweise geht die inflationäre Titelverwendung einher mit einer latenten Akademiker- und Wissenschaftsfeindlichkeit. Angesicht der bereits erwähnten mangelnden historischen Selbstreflexion und der damit verbundenen Abwehrhaltung gegen nahezu alles Intellektuelle mag dies jedoch gar nicht mehr so paradox erscheinen.

Denn es geht ja gar nicht um die akademische Leistung, sondern um ein Ordnungsprinzip. Als Ersatz für eine beim besten Willen nicht mehr verwendbare feudale und hofstaatliche Titelordnung, die lediglich in einigen bürokratischen Bereichen überleben konnte.

Nicht zuletzt wird Eitelkeit befriedigt und soll den Titelträgerinnen und -trägern geschmeichelt werden, signalisiert werden, dass dem Gegenüber die gesellschaftliche Stellung der Angesprochenen bewusst ist.

Wenn dies, wie in meinem Fall, nicht sonderlich erfolgreich ist, also die fälschliche Anrede als Doktor weder schmeichelt noch kränkt, mein berufliches Fortkommen auch ohne Titel bislang gesichert ist, muss dies natürlich in verstärktem Maß verunsichern.

Wobei sich in meiner Generation ein eher gelassener Umgang mit der Titelordnung durchgesetzt hat. Der Titel ist nicht mehr sonderlich wichtig, infrage gestellt wird das System jedoch nicht, eher schleichend durch Unterlassung unterwandert. Wird das Umfeld internationaler, so nimmt die Verwendung von Titeln ohnehin rapide ab. Wie will ich einem Investor aus den Vereinigten Staaten auch erklären, was ein Kommerzialrat ist oder der japanischen Forscherin, was ein wirklicher Hofrat?

Und vielleicht entspringt dieser lässige Umgang ohnehin einer urwienerischen Tradition, nicht alles ganz so bierernst zu nehmen. Titelsucht und Eitelkeit mit einem Augenzwinkern und einem Schmäh zu nehmen. Wie es die bekannte Anekdote über einen Ober (nicht zu verwechseln mit einem Kellner!) im berühmten Hotel

Sacher ausdrückt: Der soll einmal gesagt haben: Wenn einer nichts ist, so ist er bei uns mindestens ein Doktor!

Selbstreflexion auf Wienerisch. So gesehen, lasse ich mich sehr gerne zum Doktor machen.

Georg Brockmeyer, 1975 in Freiburg geboren und zur Schule gegangen, Kommunikationschef beim Wiener Wirtschaftsförderungsfonds. Das Studium der Geschichte verschlug ihn über Hamburg nach Wien. Nach weiteren Stationen in Berlin und Tel Aviv sollte es 2006 endgültig Wien sein. Sein berufliches Handwerkszeug lernte er unter anderem bei der SPÖ.

Fünfzunull für Deutschland?

Dirk Merbach über Eierspeisen und Zeitungsformate

Als ich noch in hässlichen Helden-, Hanse- und Haupt-Städten lebte und gerührt an Wien dachte – bevor ich also da wohnte –, fiel mir in der Regel als Erstes der Kaiserschmarrn ein. Es war wie ein pawlowscher Reflex. Aber ich dachte daran mit dem falschen Wort: „Eier-Schmarrn". Warum auch immer: Ich hatte ja Recht. Aber ich bemerkte ihn erst später, den Fehler, mit dem ich Recht hatte. Eine umkehrbare österreichische Form der Dialektik übrigens – so hat mich einst ein deutscher Freund aus Wien belehrt –, die mir in der Folge noch häufiger unterkam in der Heldenplatzstadt. Wie schlimm es wirklich ist, hatte er vergessen zu erwähnen, der Freund. Er wollte mich zum Bleiben überreden und tat dies mit Erfolg.

Gekommen, um zu bleiben, bin ich im Sommer 2007, um an Österreichs bester Zeitung mitzuarbeiten. Sie sollte neu eingekleidet werden zum herbstlichen Dreißiger. Ich wollte gerne, man wollte mich. „Am deutschen Wesen soll die Welt genesen!" postete zur Begrüßung – es war sicher nicht persönlich gemeint – ein Anonymer auf der Website des blassrosafarbenen Wiener *Standard,* der auch zu anderen Themen Heerscharen von Enteierten auf seiner Plattform sudeln lässt, ohne dass die ihr Gesicht zeigen müssen. Das hätte eher meinem Vorurteil zur babyblauen *Presse* entsprochen, welches ich alsbald zu revidieren hatte. Die *Presse* ist eine schöne Zeitung und sie nervt in Wirklichkeit nur dann, wenn sie ihren Chefredakteur vor lauter Eitelkeit auf die City-Lights der Stadt treibt, damit dieser dort über selbstzugefügte Schrammen im neoliberalen Antlitz klagen kann. („Wer sagt eigentlich, dass Schreiben ungefährlich ist?" Haha.) Zur selben Zeit spenden andere unbeachtet literweise Herzblut und riskieren beim Blick zur Sonne ihr Augenlicht. Nein, nicht nur Weißraum sticht ins Auge.

Aber waren die Wiener nicht von jeher kritische Zeitungsleser? Kaffeehaus-Kultur und so? *Standard* und *Presse,* dachte ich, die beiden großen. Wenn das die Guten sind, was ist dann mit den Schlechten? Wie klein sind die denn hier? Zu klein jedenfalls, um sie zu erwähnen. Hat wirklich jedes Volk die Zeitungen, die es verdient? Mein Bild von Wien war gestört, von rot bis blau und von vorn bis hinten. Von lechts und rinks ganz zu schweigen. Alles Schmarrn. Und Kaiserschmarrn ist keine Eierspeise. Ich ernährte mich vorerst von nichts anderem.

„Deutscher isst Österreicher" titelte im selben Sommer Europas auflagenstärkste Zeitung, die hirnkranke mit den vier Buchstaben, deren Chef einst aus minimal-genitalen Gründen die *taz* verklagte. Kurzzeitig dachte man an eine Volksoper, aber das Ganze spielte in Berlin. Wenngleich: Manch einflussreiches Pöstchen bei den deutschen Obersudlern ist mit Österreichern besetzt. Ein Zufall?

Der hungrige Piefke im Wiener Irrenhaus jedenfalls hatte angeblich doch nur vom kleinen Ösi-Hirn gekostet: Das erfuhr ich aus der roten Quasigratispostille vom Karlsplatz – dem immer ein paar Schritte hinterhertitelnden „braven Fellnerblatt mit dem nun immer besser passenden Namen, diese wiedererstandene *AZ* aus dem Geist der *Bild*-Zeitung, aber ohne Eier" (Armin Thurnher, *Seinesgleichen*, in: *Falter* Nr. 49/07). Die sollte mal die *Süddeutsche* Österreichs werden – so hatte man einst geschlossenen Auges geträumt –, was dann aber schon am Papierformat scheiterte. Die *Süddeutsche* erscheint im aufrechten Nordischen: 570 mal 400 Millimeter. Die *Bild* (die mit den Eiern) aber auch. In Deutschland ist tatsächlich immer alles größer und dicker. Was sich nur selten so positiv auswirkt wie bei Zeitungsformaten. Je kleiner, desto doofer. Aber das nur in Deutschland – und Ausnahmen bestätigen die Regel!

Ich selbst fantasierte, als ich vom Wiener Kannibalen-Fress-Vorfall hörte, dass der hungrige Landsmann das Geschlecht des Österreichers sich einzuverleiben versucht hatte. So, wie es einst der Kannibale von Rothenburg mit seiner todesmutigen Berliner Online-Bekanntschaft getan hatte. In unserem Fall hatte aber der Piefke nur ein wenig vom Wienerblut geleckt. Kein Hirn. Und wieder keine Eier. Vermutlich hatte ich zu viel *Mein Teil* von Rammstein gehört, der österreichischsten aller neuen deutschen Härte-Bands. Deren meinerseits sehr verehrter Dichter-Sänger Till Lindemann („Lindemann, geh du voran!") von der deutschen Ostseeküste (die übrigens vom balkannahen Wien aus gesehen weit westlich liegt) rollt das Rrrrr brachialer als jede steirische Schweinehirtin. Und fast so gut wie seinerzeit Adolf Nazi, der Frührückkehrer vom Heldenplatz, dem damals dort sich tausendfach mutige Fäuste entgegenstreckten – genau wie im Berliner Sportpalast. Aber das ist ein weiteres Schlachtfeld, auf das wir nicht zurückwollen.

Ich habe dazugelernt in Wien – auf mancher Taxifahrt mit einheimischen Lenkern zum Beispiel: was „Tschuschen" sind und dass wir derzeit die dritte Türkenbelagerung erleben. „Aber diesmal bleiben's für immer." Ich musste an meine Hauptstadt denken, an Kreuzberg und Neukölln. Und an die national befreiten Zonen am Mecklenburger Land, wo sich Unmengen in Sandböden wurzelnde Kiefern schnellwüchsig Stamm neben Stamm zum Licht strecken, ohne je ihren Schatten zu entkommen. Bis sie in der Papiermühle landen und, wenn sie Glück haben, zu Zeitungspapier verarbeitet werden. Formatunabhängig.

Ein Jahr später waren wir alle „Nullacht" und „Zu Gast bei Verlierern" und Eingeborene simsten mir vor Spielbeginn „Wir alle sind Türken", später waren sie noch Russen und Spanier. Und waren sich nicht zu blöd, das regelmäßig mitzuteilen. Nur Tschuschen wollten sie nie sein. Aber nein, das war nicht immer lustig. Es war finster. Ein Lichtblick: Meine zarte steirische Freundin malte sich solidarisch ein schwarzrotgoldnes Bärtchen auf die Oberlippe und brüllte die Piefkei zum Sieg. Wir wurden später Vize, ich bekam dicke Eier und fing an, Bekenner-T-Shirts zu tragen. Obwohl mich Fußball nie interessiert hatte und Deutschland mir immer sympathischer war, wenn es die Fresse hielt. Und, jetzt kommt's: Ich wusste vorher gar nichts von „Córdoba". Es ist keine österreichische Spezialität, immer von nichts gewusst zu haben. Auch das können wir viel besser, und – wie man sieht – weder die Gnade der späten noch die der relativ östlichen Geburt schützt vor Gegentorheiten. Córdoba hat mir in diesen Tagen jedenfalls Saft und Freude gebracht, daran sind auch Ster- und Grissemann schuld, das deutschösterreichische Duo Infernale mit Wienberliner Doppelleben. Gemeinsam ganz stark, ganz großer Sport! Wir lachen über dieselben guten und schlechten Witze. Fünfzunull für Deutschland. Der Hans Krankl war's.

Im Herbst machten wir endlich die Zeitung, die alle verdienten. Sie waren empört und wehrten sich gegen die schlimme Aggression. Warum ein Deutscher und diese alten Schriften? Ich war längst verwienert und das ehrlich-alte Wien serifenbetont geblieben wie eh und je. Schaut auf diese Stadt! Auch die Fraktur, von Hitler als „Juden-Schwabacher" denunziert, ist keine Nazi-Erfindung. Kaffeehäuser sind noch immer Orte der Zeitungskultur, solange *Falter, Süddeutsche* und Co. vorrätig sind.

Als Eierspeise wird hier einzig und allein Rührei akzeptiert. Kaiserschmarrn ist definitiv eine Süßspeise. Von der persönlichen Vorliebe zu diesem Gericht habe ich mich inzwischen verabschiedet. Man wird fett davon, auch im Hirn. Eierspeise hin, Mehlspeise her. Fußball interessiert mich an Schaaß und der *Falter* ist immer noch die beste Zeitung, die ich kenne.

Dirk Merbach, 1964 in Elgersburg (Thüringen) geboren, aufgewachsen in Stendal (Sachsen-Anhalt), Wahl-Wiener seit 2007, oft zu Tochter und Freunden in Berlin reisend. Art Director der Wochenzeitung *Falter* und Berater für Medien (*Hamburger Abendblatt* u. a.). Die DDR verließ er 1989 illegal über die österreichisch-ungarische Grenze.

Halbierte Bratwürste und der Tod als Österreicher

Katja Gnann über Kommunikation

Der Fehler war, zu glauben, ich käme nachhause. Fünf Jahre Italien – Sizilien, dann Rom – lagen hinter mir; eine schöne Zeit, die Sprache saß so gut, dass manche Träume in ihr stattfanden. Die Kommunikation war noch einfacher, wortwörtlich nämlich. Ich war jung, blond, „blauäugig" und was ich wollte, bekam ich. Es war federleicht, ein Traumleben. In Italien. Dennoch: Ich wollte nach Wien. Der Liebe wegen. Plötzlich gab es nichts Besseres als Wien – ich war niemals da – wollte sofort dort hin. Übersiedeln – allein in diesem Wort liegt so viel mehr als im hochdeutschen „umziehen".

Das Jobangebot kam, bevor ich auch nur die Bucklige Welt überquert hatte. Alles „leiwand" – endlich verstand ich Fendrich; ich freute mich außerdem, mich wieder in „meiner" Sprache zu bewegen. Deutsch an mir war, fand ich, nur mein Autokennzeichen. Wiener Schmäh, so dachte ich, sei Wiener Charme.

Noch ehe die Koffer ausgepackt waren, flog mir nichts mehr zu, sondern ich flog auf. Und stand noch viel schneller an. Wo zum Beispiel? An der Würstelbude. Obwohl ich „Semmel" statt „Brötchen" sagte. Was ich wollte, war ein Unding. Ich verlangte eine Bratwurst, einmal halbiert in eine Semmel gebettet. So kannte ich das vom Freiburger, Würzburger, Nürnberger und Münchner Markt und sämtlichen Jahrmärkten sowieso. Die Bratwurst in der Semmel war etwas, das mir in Rom gefehlt hatte. Und welch Glück: Ich fand in Wien sofort eine Würstlbude, die auch noch 0,66 Flaschen Moretti-Bier verkaufte. Ein Paradies auf Erden. Freiburg-Rom-Wien auf zehn Quadratmetern. Ich habe es irgendwann aufgegeben, die Wurst so zu verlangen. Im besten Fall war die Antwort: „An Hot Dog?" (Nein!! In der Semmel, nicht in einem Extralargeteiglappen.) Zumeist jedoch: „Des hamma ned." „Aber Sie können mir doch die

Semmel aufschneiden, und die Wurst …" „Na! Des geht ned." Das Problem mit der umgeklappten Wurst in der Semmel ließ mich nicht mehr los. Ich dachte nach. In Italien hatte ich versucht, möglichst italienisch zu sein: Bier zur Pizza verlangen, niemals zum Frühstück Cappuccino gemeinsam mit Orangensaft bestellen, natürlich immer „al banco", besonders vormittags nie „al tavolo", zum Stichtag die Steppjacke aus dem Schrank, ja nicht mehr im Oktober baden. Na ja, man kann's auch übertreiben. Italienischer als italienisch.

Der Fehler war, als Deutsche zu glauben, nachhause zu kommen, nur weil die Sprache eine „ähnliche" zu sein scheint. Der Punkt war und ist: Ich bin auch in Österreich in einem fremden Land und auch hier ist vieles anders. Nur: Durch die gemeinsame Sprache fällt das nicht so leicht auf, und anscheinend vor allem uns Deutschen nicht – anfangs.

Ein Leichtes ist es, sich über „Sessel" und „Stuhl", „Kasten" und „Schrank", „Polster" und „Kissen", „Patschen" und „Hausschuh", „Lurchwuserl" und „Wollmaus" zu freuen; das sind Bereicherungen, keine Hürden.

Als ich mich mal im „Tiergarten Schönbrunn" (auch schöner und irgendwie weniger brutal als „Zoo") über die österreichische Aussprache von „Giraffe" (sprich „Schiraffe") lustig machte, bekam ich als Gegenfrage, ob ich zu meinem Konto auch „Girokonto" (sprich „Ghirokonto") oder „Schirokonto" sagen würde. So ein Überprüfen der eigenen Sprache tut gut, überrascht und ist wichtig! Ernst wird es bei den wirklichen Kommunikationsabläufen – sie sind viel weniger greifbar.

Es dauerte nicht lange und ich stieß auf ein echtes deutsch-österreichisches Kommunikationsproblem. Wieder bekam ich nicht das, was ich wollte: meinen Arbeitsvertrag, zum Unterzeichnen. Das Problem war nicht in erster Linie, dass ich ihn nicht erhielt, sondern dass ich jeden Tag glaubte, ihn ganz sicher zu bekommen: „Morgen, ganz sicher morgen, Frau Magister, können Sie ihn unterschreiben!" Unter anderem beeindruckt ob dieser Titel-Wertschätzung, glaubte ich tatsächlich zwei Monate lang an jedem neuen Arbeitstag, ich könne endlich unterzeichnen. Auch nach über zehn Jahren in Wien tappe ich – vor allem im Job – immer wieder in die „Falle", auf Zusagen, vor allem was zeitliche Versprechen betrifft, zu vertrauen.

Das Autokennzeichen ist längst nicht mehr deutsch, der Glaube an Zusagen bleibt es wohl für alle Zeiten.

Das „Sich-nicht-Verlassen-Können-auf-Zugesagtes“ hat aber auch eine Sonnenseite, und die ist mindestens so stark wie sie in Pannonien lang scheint. Eine angekündigte Strafe ist in Deutschland eine exekutierte Strafe, der Inhalt eines Amtsbriefes ist unumstößlich. In Österreich nicht. „Eigentlich“ geht „irgendwie“ dann doch immer alles; meistens sogar gut. Während mein Mann seine Habilitation beendete, befand er sich in einer Phase zwischen abgelaufenem Stipendium und erhoffter Festanstellung – arbeitslos. Als vom „Arbeitsmarktservice“ die Aufforderung zu einem Fortbildungsseminar, acht Stunden täglich, fünf Tage die Woche kam, riet uns ein Freund: „Druck die Habil aus, geh dort hin und sag denen, du hast bereits deine 60-Stunden-Woche – samt Fortbildung.“ Amtsbrief ist Amtsbrief, wir glaubten nicht daran. Mein Mann wurde freigestellt von sämtlichen Kursen.

Ich werde es nie begreifen. Aber vielleicht irgendwann abschätzen lernen, wann ein „ja“ oder auch ein „nein“ ein „jein“ ist. Es ist nicht neu, dass wir kommunizieren, bevor wir den Mund aufmachen, auch anhand unserer „Eckdaten“. Die Tatsache, dass ich Deutsche bin, hat mir offenbar auch zu meinem letzten Job verholfen. Obwohl ich in meiner Bewerbung nicht behauptete, „zuverlässig“, „ordentlich“ und „genau“ zu sei, sagte man mir viel später, dass man mich unter anderem in der Hoffnung, „die Deutschen“ seien genau das, meinen Mitbewerbern vorgezogen hätte. Jetzt, nach fünf Jahren im Verlag, wissen meine Chefs, dass ich andere „gute Eigenschaften“ besitze. Und dass „Apfel F“ auf meinem Computer mein wichtigster Griff ist.

Unter uns gesagt und weil wir in Wien sind und das ja angeblich einen morbiden Charme hat (nicht Schmäh!): Wenn eines Tages der Tod neben mir steht, dann wünsche ich mir drei Dinge: eine letzte Bratwurst (halbiert in der Semmel wäre schön), ein Moretti und – vor allem – dass der Tod ein Österreicher ist. Denn dann werde ich ihn fragen: „Nimmst du mich jetzt mit?“ Und er wird sagen: „Ja, Gnann.“ Dann weiß ich, dass mit ihm zu verhandeln ist, er „jein“ meint und ich noch Zeit habe. So was zwischen einer Woche und zwei Monaten.

Katja Gnann, geboren 1973 in Buchen, einer kleinen Stadt in Südwestdeutschland, lebt seit 1999 in Wien und arbeitet beim *Falstaff*-Verlag. Sie studierte Kunstgeschichte und Romanistik in Heidelberg, Palermo und Rom.

Mein intellektuelles Fernstudium

Wolfgang R. Langenbucher über Wien

Sie können dieser Stadt ein wirkliches und
unverdientes Unrecht tun
wenn Sie sie an deutschem Maße messen und als
deutsche Stadt in Anspruch nehmen.
Dagegen wird alles licht und klar,
fasslich und verständlich, gerecht und billig,
wenn Sie Wien als das nehmen,
was es ist – eine europäisch-asiatische Grenzstadt!

Ferdinand Kürnberger (1821–1879)

Mehr als zwei Jahre war ich – nach 45 Semestern „Wien" – schon emeritiert, als ein lieber Freund – aus Wien gerne nach München emigriert und bald als Spitzenmanager vom Arbeitsklima in dieser bayerisch-deutschen Stadt begeistert – beim Grünen Veltliner (oder war's ein steirischer Sauvignon?) mit Nachtmahl einen längeren Disput mit dem Satz schloss: „Du warst für Wien nicht hinterhältig genug." Ich lachte ungläubig, sicher, es besser zu wissen. Aber der Satz hakte sich fest – und beschäftigt mich bis heute. Zumal: Der Diagnostiker der österreichischen Seele, Erwin Ringel (1921–1994), fügte dem immer auch die Attribute „rachsüchtig" und „neidisch" hinzu.

War ich doch kein so „geborener Wiener", wie ich mir das seit meiner Berufung eingeredet hatte? Gab es da nicht doch ein paar Entscheidungen, Fälle, Projekte, Anträge und Ideen, mit denen ich kläglich gescheitert war – eben an der Wiener Hinterhältigkeit? Ganz am Anfang, als neuer Institutsvorstand, bei einem Berufungsverfahren beispielshalber, das ich – wohl naiverweise – korrekt in Gang gesetzt hatte und ablaufen ließ, statt meinen Wunschkandidaten mauschelnd durchzusetzen? (Mit dem dann gegen meinen Willen, ausformuliert in einem langen Votum separatum, Gekürten pflegte ich naturgemäß sofort einen ganz normalen, ja freundschaftlichen Umgang; dieser versicherte mir darob – noch nach Jahren ungläubig – immer wieder: „Ein Wiener Kollege hätte das niemals fertig gebracht.") Oder bei sachlich wohl begründeten Anträgen, eine der umstrittenen, aber ganz großen Persönlichkeiten der österreichischen Kultur und einen wahren Nestor des deutschsprachigen Journalismus mit einem Dr. h.c. zu würdigen, was an politisch kleinkarierten, mediokren Mittelbaufiguren und dem Desinteresse der Ordinarienkollegen in der Fakultät scheiterte?

Und war da nicht noch die Sache mit der Journalistenausbildung? In München hatte ich in den 70er Jahren den ersten deutschen Reformstudiengang aufgebaut, der zum Dipl. journ. führte. Ich wusste also, wie das geht, was jahrzehntelang für unmöglich gehalten worden war: Journalistenausbildung. Was lag näher, als das Modell nach Wien zu übertragen und dort sozusagen aus dem Stand heraus zu implementieren?

Es wäre eine lange Geschichte des „stop and go", warum es diese nach vielversprechenden Anläufen am Ende nur für die Schublade gab. Ich zog damals mit dem Stehsatz durch die Lande: „In Österreich will niemand, kein Chefredakteur, kein Verleger, kein Intendant im Ernst akademisch ausgebildete Journalisten; und das sieht man der Branche an!" Daraus sprach manchmal Verbitterung, oft nur Ironie. Wissenschaftlich und praktisch war und blieb der Journalismus (als Kulturleistung) ohnehin eine Wiener Domäne, schul- und stilbildend geradezu. Inzwischen gibt es sogar in Österreich Journalistenausbildung, wenn auch „nur" auf Fachhochschulen. Warum waren wir, warum war ich damit erfolglos? Heute sehe ich diese Entwicklung entspannt: Entscheidend ist doch letztlich, dass überhaupt eine Reform möglich wurde.

Fehlte es mir also an Hinterhältigkeit? Zweifellos, denn nichts liegt mir ferner; taktisches Hin und Her hasse ich geradezu; ich weigere mich grundsätzlich, mit einer „hidden idea" eine Sache anzugehen; meine fast schon kindliche Überzeugung ist, dass ein vernünftiges Vorhaben auch durchsetzbar sein muss. Nur *ein* Verhalten habe ich in Wien gezielter, als mir das sonst eigen ist, angewandt: immer freundlich-verbindlich bleiben und – zumal von Verwaltungsmenschen und Bürokraten – nie etwas fordern, sondern immer um Rat und Hilfe bitten. Im Rückblick finde ich, dass ich damit alles in allem ganz schön erfolgreich war; oder jedenfalls meine Wiener Jahre als solche empfinde und den akademischen Ruf nach Wien (statt nach Zürich, Berlin, Göttingen oder Nürnberg) bis heute als eines der Elemente feiere, die ich als den professionellen Teil des Glücks meines Lebens bezeichne.

Zugegeben sei, dass zu unserem Glück – denn an dieser Stelle gilt das auch für meine Frau – das Burgtheater, der Musikverein, das Konzerthaus, die Innere Stadt, die Festwochen, der Wein, die Heurigen, das Steirereck, Meinl am Graben, der Wiener Wald, das Weite Land Niederösterreich und ein paar Menschen, die alles andere als hinterhältig waren, nicht wenig beigetragen haben.

Ebenso essenziell aber war, so glaube ich, noch etwas anderes: Als ich mit dem Sommersemester 1984 meinen professionellen Lebensmittelpunkt in Wien fand, hatte ich längst in dieser Stadt ein „Intellektuelles Fernstudium“ hinter mir. Ein paar der „Lerneinheiten“ (= LE) seien hier kurz skizziert.

LE 1: Die Wiener Sängerknaben

Wie oft habe ich diesen legendären Knabenchor – und manche als Solisten in Mahlersymphonien oder der Zauberflöte – nun live gehört? Dann kommt zuverlässig die Erinnerung: Mein Vater hatte eine reich bestückte Sammlung mit alten Schellack-Black-Discs; ich durfte den Plattenapparat für ihn und auch allein für mich bedienen. Zum Repertoire gehörten Messen von Mozart mit den Sängerknaben. Auf dem Bauernhof im Hohenlohischen (Nordwürttemberg), von dem meine Mutter stammte und wo wir nachkriegsbedingt nach 1945 einige Jahre lebten, besuchte uns oft ein musikalischer Onkel. Ihm stellte ich vertraulich die Frage: „Wie kann ich Wiener Sängerknabe werden?“ Er hatte längst bemerkt, dass ich wirklich vollkommen unmusikalisch war (aktiv sozusagen, nicht passiv als Hörer), aber auch, was dieser kindlich-jugendliche Traum mir bedeutete.

Seine Antwort war desillusionierend, aber schonend: „Man muss in Wien leben, Wiener sein, und in einem Internat leben, hunderte Kilometer von zuhause weg in einer riesengroßen Stadt.“ Damit war ich getröstet und gleichzeitig um einen Mythos bereichert: Ich hatte keine Ahnung von Wien, aber allein dieses Wort barg einen Traum, der mich von nun an begleitete.

LE 2: Beethovens Heiligenstädter Testament

In diese Schellack-Galaxis gehört – neben Walzerklängen – noch ein anderes Musikereignis: Beethovens Pastorale, die 6. Symphonie, op. 68 von 1807/8. Wie oft habe ich mir, während die Erwachsenen im Erdgeschoss des geräumigen Hofes am Abend redend zusammensaßen (noch gab es kein Fernsehen), das Aufkommen und Vergehen des Gewitters angehört, dirigiert von Furtwängler? Begleitende Lektüren, um diese gewaltige, schauerlich-schöne Musik zu begreifen, ließen mich auf Beethovens berühmtes Heiligenstädter Testament treffen. Dieses Dokument wurde nach seinem Tode gefunden; er richtete es am 6. und 10. Oktober 1802 an seine Brüder. Noch heute kann ich diese Zeilen nicht ohne Bewegung lesen:

„O ihr Menschen die ihr mich für feindselig störisch oder Misantropisch haltet oder erkläret, wie unrecht thut ihr mir, ihr wisst nicht die geheime urßache von dem; was euch so scheinet […] aber bedenket nur, dass seit 6 jahren ein heilloser Zustand mich befallen, durch unvernünftige ärzte verschlimmert, von jahr zu jahr in der Hoffnung gebessert zu werden, betrogen, endlich zu dem uberblick eines d a u e r n d e n Ü b e l s (dessen Heilung vielleicht jahre dauern oder gar unmöglich ist) gezwungen, mit einem feuerigen Lebhaften Temperamente gebohren, selbst empfänglich für die Zerstreuungen der Gesellschaft, muste ich früh mich absondern, einsam mein Leben zubringen.“

So der Beginn dieser erschütternden Bekenntnisse, die auch Folgendes gestehen: „es fehlte wenig, und ich endigte selbst mein Leben + nur sie die K u n s t, sie hielt mich zurück“.

Kaum Ahnung von den Örtlichkeiten, wurde Heiligenstadt für mich zu einer tragischen Metapher. Mir dämmerte: Wien ist nicht unbedingt und nicht für jeden eine freundliche, erfreuliche Stadt. Aber dieser Platz hat auch gleichzeitig eine Aura, belebt durch die Erinnerungen von Hilde Spiel und einen Heurigen am Pfarrplatz, in dem man uns am Tisch unter der Leopold Figl- (1902–1965) Gedächtnisstätte schon bald nach meinem Dienstantritt im Sommer 1984 unsere Wiener Weininitiation verpasste.

LE 3: Ignaz Philipp Semmelweis

Zu den jugendlichen Lektüreerlebnissen gehörte auch eine Biografie über das tragische Leben dieses Geburtshelfers. Sie kam mir durch puren Zufall in die Hände – oder vielleicht doch nicht? Denn wieder spielt das alles in Wien: der zäh geführte Kampf gegen die bis tief ins 19. Jahrhundert so furchtbare, tödliche Kindbettinfektion; das Martyrium eines Mannes, der gegen die gesamte Kollegenschaft – für Jahrzehnte vergeblich – anging, in Budapest im Wahnsinn endete und nicht mehr erleben durfte, dass seine Einsichten seitdem Millionen Frauen und Neugeborenen das Leben retteten. Wohl auch als eines von fünf Geschwistern rührte mich als Jugendlichen diese Geschichte tief und ist mir immer eine Warnung geblieben vor der Furchtbarkeit persönlich motivierter wissenschaftlicher Ignoranz, theoretischer Dogmatik und aller scharlatanhaften Gegenaufklärung.

LE 4: Josef Weinheber: Wien wörtlich

In Stuttgart besuchte ich in den 50er Jahren das Gymnasium; dort gab es schon die fortschrittliche Einrichtung der umfangreichen, vor der Matura zuhause zu erstellenden Kollegarbeit, konzipiert als didaktische Vorübung auf die späteren universitären Seminararbeiten. Meine Wahl fiel 1957 – retrospektiv schwer nachvollziehbar – auf Josef Weinheber (1892–1945). War das ein spätpubertärer Reinfall auf dessen Heroismus? Oder das zeitgeistige Nachwehen unverbesserlicherer Lehrer? Später und heute noch tröstet mich über diese intellektuelle Verwirrung sein Gedichtband *Wien wörtlich* (1935) hinweg, bis heute lesenswert als durch den Dialekt entlarvendes genialisches Porträt dieser Stadt:

Ich hab sonst nix, drum hab ich gern
ein gutes Papperl, liebe Herrn
Zum Gabelfrühstück gönn ich mir
ein Tellerfleisch, ein Krügerl Bier,
schieb an und ab ein Gollasch ein
(kann freilich auch ein Bruckfleisch sein)
ein saftiges Beinfleisch, nicht zu fett,
sonst hat man zu Mittag sein Gefrett.

Aus: *Der Phäake*

LE 5: Wiener Aufklärung – Wittgenstein, Popper, Carnap

In München Zeitungswissenschaften studierend fand ich im Nebenfach Philosophie zu Wolfgang Stegmüller (1923–1991), einem Tiroler, der damals sein immer umfangreicheres Werk *Hauptströmungen der Gegenwartsphilosophie* (zuletzt Bd. I–IV) startete. Neben den Angelsachsen waren das bei ihm der „Wiener Kreis", Rudolf Carnap, Wittgenstein und Karl R. Popper, also die Analytische Philosophie. Heute sind davon nur einige im Laufe der Jahre verblasste Anstreichungen in Büchern geblieben, Aphorismen aus dem *Tractatus logico-philosophicus* und einige nur noch selten konsultierte Bücher in meinen diversen Bibliotheken.

Damals faszinierte mich dieser Geist eines strengen Empirismus und machte mich vollkommen immun gegen jeglichen Hegelianismus oder gar Marxismus; die Dialektik, so lernte ich unauslöschlich, ist eine magische Methode, die mit Wissenschaft nichts zu tun hat; und der Marxismus die Grundlage totalitärer Staatstheorien, verhängnisvoll für ein Deutschland auf dem Weg in den Westen. Diese Axiome, explizit entnehmbar aus Poppers *Die offene Gesellschaft und ihre Feinde,* waren 1968 ff. auf einmal essenziell wichtig und bewahrten mich – zusammen mit dem durch meinen Freund Peter Glotz (1939–2005) inspirierten Eintritt in die SPD – vor der kritiklosen

Anpassung an die linke Studentenbewegung, die so manchen meiner akademischen Generationskolleg(inn)en zum Verhängnis wurde.

LE 6: Österreichische und Wiener Lektüren

Später kam zur österreichischen Philosophie die Literatur: Hermann Broch, Robert Musil, Heimito von Doderer. Meine allmählich wachsende Wien-Begeisterung kulminierte schließlich ein erstes Mal in einer einstündigen *Abendstudio*-Hörfunksendung für den SWF: „Wien 1920 – eine Konstellation der Geister. Eine geistesgeschichtliche Szenerie". Ich war damals 24 Jahre alt; mit solchen Produkten konnte man – zumal mit den gängigen Wiederholungshonoraren – gutes Geld verdienen und so zwei, drei Monate unbesorgt studieren.

Unser Feature begann mit folgendem Text, unterlegt mit den Klängen von Maurice Ravels *La Valse* und immer wieder zitatweise in die Darstellung einmontiert:

„Stadt ohne Gewähr!

Laßt mich nicht von irgendeiner Stadt reden, sondern von der einzigen, in der meine Ängste und Hoffnungen aus so vielen Jahren ins Netz gingen. Wie eine große, schlampige Fischerin sehe ich sie noch immer an dem großen gleichmütigen Strom sitzen und ihre silbrige und verweste Beute einziehen. Silbrig die Angst, verwest die Hoffnung.

Beim Schwarzwasser der Donau und dem Kastanienhimmel über den schimmelgrünen Kuppeln …"

Diese Passagen entnahmen wir aus der ein Jahr zuvor erschienenen Erzählung *Das dreißigste Jahr* von Ingeborg Bachmann. Wie – viel später – Thomas Bernhard und auf andere Weise Hilde Spiel wurde ihr Werk zum Kanon „Mein Wien".

LE 7: Der Herr Karl und Schwarze Lieder

Die gleiche Zeit verschaffte mir das Erlebnis des *Herrn Karl;* von dem Skandal, den diese Fernsehsendung in Österreich 1961 auslöste, ist mir nichts in Erinnerung. Aber das Tondokument allein reichte aus, um Helmut Qualtinger (1928–1986) nie mehr zu vergessen; seine zahllosen Lesungen begleiten uns als CD und DVD bis heute; Zeuge einer seiner letzten Auftritte wurde ich kurz vor seinem Tode, als er im Audi Max der Universität den herrlichen Roman *Schwejk* von Jaroslav Hašek las.

Gleiches gilt für Georg Kreisler (*1922), der inzwischen mit seinen (nicht nur Schwarzen) *Liedern* als bedeutendster österreichischer Lyriker der zweiten Hälfte des vergangenen Jahrhunderts kanonisiert wird. Zu Recht, wie mir scheint, wenn seine Chansons mir durch den Kopf gehen oder jüngere Interpreten ihn wie einen Klassiker vortragen.

Sieben „Lerneinheiten" – war ich nicht wohl vorbereitet, intellektuell zumindest, um endlich von Stuttgart über München die Donau abwärts in Wien anzukommen? Durch mein „Fernstudium" hatte die Stadt jedenfalls eine Anziehungskraft gewonnen, die manche meiner Freunde geradezu morbide fanden (nach dem Motto: Spätestens hinter München fängt der Balkan an). Auch die politischen und kulturellen Zustände waren nach dem Ende der Ära Kreisky alles andere als unbedingt motivierend. Von dem mir schon länger aufgefallenen politologischen Kollegen Anton Pelinka war im zeitlichen Kontext meiner Berufungsverhandlungen gerade ein eher zu Depressionen Anlass gebender Großessay mit *Klagen über Österreich (Windstille)* erschienen. Wollte/sollte ich wirklich dorthin? Wenn ich mich erinnere, dass ich den letztmöglichen Poststempel, den 28. Mai 1982, vor dem Ablauf der Bewerbungsfrist abpasste, dann deucht mir fast, ich hätte gezögert, mich „geziert". Schon zu meinem 65. Geburtstag, habe ich – natürlich bei einem Heurigen am Pfarrplatz! – meiner ganzen Mannschaft Einblick in diese Geschichte „Mein Wien" gegeben. Und die Wahrheit bekannt: Ich wäre um jeden Preis gekommen! Das geduldige Verhandeln zwischen dem März 1983 und der Ernennung ein Jahr später hat sich gelohnt – für das Institut, aber auch für mich persönlich. Den Status des Emeritus, dieses Auslaufmodell, in Deutschland längst abgeschafft, empfinde ich jedenfalls als eine höchst komfortable Rolle – irgendwie typisch wienerisch, wie meine deutschen Freunde ironisch anmerken.

Unsere – in jeder Hinsicht nahen – Münchner Nachbarn, einst Wiener, die seit Jahren nicht müde werden, uns schreckliche Geschichten über die Wiener zu erzählen und für die eine Rückkehr nach Wien ein wahrer Horror wäre, haben sich das alles geduldig angehört. Und dann trocken kommentiert: „Wie schön, dass du eine so intensiv färbig rosarote Brille aufziehst, wenn du in Wien bist. Uns ist die Gnade dieses Glücks nicht gegeben." Und so wird unser Disput wohl weitergehen: Wien, Wien, nur du allein ... Magst sein, was du bist – intellektuell und kulturell jedenfalls meine, unsere real existierende Sehnsuchtsstadt.

Wolfgang R. Langenbucher, geboren 1938 in Pforzheim, ist einer der führenden Kommunikationswissenschaftler im deutschen Sprachraum. Er studierte in Stuttgart und München Volkswirtschaftslehre, Philosophie, Germanistik sowie Zeitungswissenschaft und war von 1975 bis 1983 Professor am Institut für Kommunikationswissenschaft (Zeitungswissenschaft) der Universität München. 1984 ging er nach Österreich und übernahm bis zu seiner Emeritierung 2006 den Vorstand des Instituts für Publizistik- und Kommunikationswissenschaft der Universtität Wien.

Einen weißen Spritzer bitte

Konstanze Schäfer über Wein und Wasser

Ich war gar nicht gekommen, um zu bleiben, vielmehr hätte Österreich, oder genauer Salzburg, nahe der bayerischen Grenze und damit nahe unserem Familienferiendomizil, nur eine Warteposition sein sollen. Auf einen Studienplatz in Deutschland. In Österreich konnte ich die Fächer studieren, die nicht über die Zentrale Studienvergabestelle, mit einem festen Numerus Clausus vergeben wurden, also die, für die theoretisch ein Studienplatz in Deutschland vorzuweisen war. (Nein, wir reichen Deutschen nehmen nicht den armen Österreichern den Studienplatz weg – einer der vielen geradezu unumstößlichen Vorurteile, denen ich in den ersten Jahren ständig begegnete.) So studierte ich, wartend auf einen Tiermedizinplatz, Publizistik und Germanistik, einfach aus Interesse, dann immer ernsthafter. Die Liebe kam dazu und ich begann sehr schnell, mich in Österreich wirklich heimisch zu fühlen. Vieles hat dazu beigetragen, sicher auch die österreichische Mentalität, alles nicht so eng zu sehen, das Leben nicht nur nach materiellen Gesichtspunkten auszurichten, wie ich es in Deutschland oft erlebt hatte.

Und: Es schmeckte so gut. Vor allem – ja, dieses Österreichbild stimmt – der Wein. Ich kam aus Franken, einer berühmten Weingegend, aber für mich war der fränkische Schoppen eher traumatisch: Zwei schwere Schoppen und der Abend war gelaufen, nur noch den einen Gedanken im dumpfen Kopf: Wie komme ich um Gottes willen von diesem Weinfest (in der Regel in einem Kaff) wieder nachhause? In Österreich traf ich auf den Grünen Veltliner. Meinen Wein. G'schmackig leicht, irgendwie sanft, gleichzeitig resch, und auf keinen Fall lieblich. Selbst der Doppler (den ich als Flaschenform schon deswegen stets ablehnte, da er nicht in den Kühlschrank passte – und auch nie wirklich gut aussah) schmeckte. Mit den Jahren wurden die Flaschen aber immer schmäler – und teurer.

Grüner Veltliner: wunderbar zu spritzen! Ein weißer Spritzer, das ist der österreichische Sommer. (Wenn er nicht verregnet ist.) Wie leicht ging nun die Bestellung über die Lippen: Einen weißen Spritzer bitte. Bisher hatte sich das folgendermaßen angehört: Könnte ich bitte eine saure Weißweinschorle haben? Kein leichter Satz, schon gar nicht zur späten Stunde – und immer die Angst im Nacken, was dann tatsächlich auf den Tisch kommt.

Und was macht man vor dem Gastgarten-Spritzer? Baden gehen! Meiner Meinung nach kann man nirgendwo so gut baden gehen wie in Österreich. Zumindest dort, wo ich wohnte und wohne: Zuerst 13 Jahre lang die Salzburger Seen. Ich mag den Chiemsee, ein großer, fast majestätischer See, aber zum Baden nie wirklich gut. Mit Grausen erinnere ich mich an diverse matschige Baggerseen rund um die fränkische Heimatstadt Würzburg. Dann lernte ich den sanften Wallersee, den ruhigen Mattsee, den warmen Wolfgangsee, den seglerischen Mondsee, den wilden Attersee und, als wirklich krönende Seenschöpfung, den Fuschlsee kennen. Das ist für mich der schönste See der Welt. Türkises weiches Wasser, immer ist es richtig temperiert, ein bisschen kühl, aber nicht zu kalt. Bin ich dort, wundere ich mich, warum ich überhaupt woanders hinfahre. Bis es zu regnen beginnt.

Was die Seen in Salzburg, sind die Thermen im Süden Wiens. Dachte ich zuerst. Das eiskalte, aber optisch umso schönere Jugendstilbad in Bad Fischau, leider immer von lokalen Gewittern bedroht, das großzügige Bad Vöslau, mit warmem Thermen- und klarem Quellwasser. Dort verbrachte ich in den ersten Sommerjahren die warmen Tage, war es kühler, dann in der neuen Römertherme in Baden. Oberlaa kam erst mit der kleinen Tochter und ist nach wie vor auch nur ihr Lieblingsbad. Vor ein paar Jahren endlich, erstaunlich spät – was aber daran liegen kann, dass ich im Süden Wiens wohne und mich immer südlich ausgerichtet habe – entdeckte ich die Donau. Also die alte Donau mit ihren Stränden.

Das Gänsehäufel: Kein Mensch kennt die Wiener, wenn er dort nicht zumindest einen Sommer verbracht, vom Kinderbad zum Wellenbecken flaniert, in den FKK-Bereich gespitzt und eine Runde um die Ostspitze mit ihren festen Sommerbewohnern gedreht hat. Dann wechselte ich oder wechselten wir, denn baden geht man ja doch nicht gerne alleine, ins Bundesbad. Wie schön ist es, dort am Kieselstrand zu liegen und den Anfängern der gegenüberliegenden Segelschule zuzuschauen. Am schönsten ist es beim Lichterfest, wenn die Sonne langsam untergeht, die Boote mit den Lichtern vorbeifahren, das Feuerwerk über dem Gänsehäufel beginnt. Heute bin ich im Strandbad Alte Donau zuhause, dem ehemaligen Arbeiterstrandbad. Hier gibt es drei Badebecken, darunter ein warmes Kleinkindbecken und ein ebenso warmes Kinderbecken. Sie sind in der Hauptsaison zwar nur stehend zu genießen, aber seitdem eine mittlerweile knapp Vierjährige in meinem Leben das Sagen hat, haben sich die Prioritäten nun mal verschoben.

Ich bin jetzt seit über zwanzig Jahren hier, arbeite zudem am Theater, wo sicher mehr als die Hälfte meiner unmittelbaren Kollegen und des Ensembles aus Deutschland, jetzt auch vermehrt aus der Schweiz kommen. Außerdem bin ich so wenig in meiner alten Heimat, wer weiß, was sich da alles geändert hat? Vielleicht ist der fränkische Schoppen fröhlich-leicht, der Baggersee anmutig romantisch geworden? Irgendwann werde ich den Badevergleich mit meiner Tochter antreten. Und mutig einen weißen Spritzer bestellen.

Konstanze Schäfer, geboren 1966 in Würzburg, seit 1999 Leiterin des Pressebüros des Burgtheaters. Kam 1986 zum Studium der Publizistik und Germanistik nach Salzburg. Anschließend Produktionsleitung bei Degn Film, dann Presse- und Öffentlichkeitsarbeit der Elisabethbühne (heute Schauspielhaus Salzburg).

Nudelsuppenfreischwimmer

Peter Blau über Heimatsuche

Sommer 1978. Ich bin nicht gekommen, um zu bleiben. Ich bin 13 Jahre alt. Habe den Großteil meines Lebens in Japan verbracht. Und in England. Umzug alle drei Jahre. Jetzt ist also Wien mein neuer Wohnort. Vorübergehend. Dabei landen wir gar nicht in Wien, sondern in einem Ort namens Schwechat. Unser Taxi wird von einem Kleinwagen geschnitten und der Taxifahrer glaubt, er kann uns alles erzählen: Für diese Autos mit roten Nummerntafeln brauche man keinen Führerschein. Aber sicher!

Österreich ist Exotik. Die Steiermark liegt an der Ostsee und Tirol in der Schweiz. Gefühlsmäßig. Was haben Sie gesagt? Piefke? So heißt der Dackel von Pünktchen. Und warum ständig Córdoba, Córdoba? Offenbar ein sportliches Ereignis. Die Yakult Swallows haben erstmals die japanische Baseball-Meisterschaft gewonnen. Und Wakanohana ist in den Rang eines Sumo-Großmeister erhoben worden. Das zählt. Córdoba, Córdoba …

Schule. Es erwartet mich eine seit Jahren eingeschworene Klassengemeinschaft. Kein ständiges Kommen und Gehen, wie in Auslandsschulen. Neulinge bleiben Neulinge. Jahrelang. Deutsche Neulinge bleiben Piefkes. Auch jene zwei Mitschüler, die innerhalb weniger Monate versuchen, sich sprachlich zu assimilieren. Das klingt ziemlich scheiße. Sogar für mich. Ich beschließe, weiterhin Deutsch zu reden. Nur ja keine Anbiederungen. Ist ja nur für ein paar Jahre. Und wenn ich dann später woanders so rede, wie hier alle, hab ich es sicher sauschwer.

Freunde. „Sog amoi Bowidldatschkerl." Ich will nicht. Na gut: „Powiedeltatschkal." Gelächter. „Foisch. Sogs richtig." Schicksalsergeben. Ich weiß, was gleich kommt. „Powiedeltatschkal." Überschäumende Heiterkeit. Ich bin der Pausenclown. Und für die mangelhafte Aussprache muss der Clown natürlich bestraft werden.

Das sogenannte „Hobeln“ gehört hier offenbar zum schulischen Brauchtum. Keine Details. Piefke sein kann manchmal wehtun.

Studium. Bin ich wirklich schon vier Jahre in Wien? Höchste Zeit für einen Umzug. Von Hietzing nach Ottakring. Das ist Brutalität! Substandard und selbstständig. Aufenthaltsgenehmigung gibt es nur bei Vorlage der Inskriptionsbestätigung. Inskribieren ist nur mit einer Aufenthaltsgenehmigung möglich. Aha. Interessantes Problem. Aber die Behörden sind entgegenkommend. Vor allem das Bezirksamt: „Wenn Sie irgendwas brauchen, kommen Sie einfach gleich zu mir ins Büro. Sie müssen sich wirklich nicht hinter den ganzen Ausländern anstellen. Da werden sie ja sonst selber schwarz, haha.“ Danke.

Nachbarschaft. Schon wieder vier Jahre vorbei. Und es wird Zeit für eine größere Wohnung. „Sie dürfen nicht ausziehen“, erklärt mir meine Nachbarin. Zusammen mit rund zehn weiteren Hausparteien und einem Stück Zwetschkenkuchen steht sie Sonntag Früh um 13 Uhr plötzlich vor meiner Wohnungstür. „Tun Sie uns das nicht an.“ Völlig verschlafen und verständnislos. „Weil dann ziehen bestimmt Ausländer in die Wohnung.“ Jetzt reicht's aber. Ich bin Ausländer. Deutscher. Nicht stolz darauf, aber trotzdem. Ist Ihnen das etwa nie aufgefallen? „Ich bitt' Sie, Herr Blau, jetzt redens do net so an Bledsinn.“

Beruf. Probesendung bei Ö3. Casting würde man das heute wohl nennen. „Tolle Sendung“, lautet das Urteil, „Ich schreib dir sofort ein Empfehlungsschreiben für Bayern 3.“ Was soll ich in Bayern. Ich gründe doch gerade in Wien eine Familie. „Na gut, als Redakteur kannst du anfangen. Aber so deutsch, wie du redest, wirst du bei uns nie ein Wort im Radio sprechen. Auf Piefkes reagieren unsere Hörer sehr empfindlich ...“

Als Verkehrsredakteur darf ich schon bald on air : „Das Preußische klingt da super seriös“, meint der Ö3-Chef. Anfeindungen seitens der Hörerschaft gibt es dennoch. „Haben wir das nötig, uns unsere Staus von einem Piefke ansagen zu lassen ?“ Oder – etwas prägnanter: „Gengans ham!“ Ja, nach der Arbeit gerne. Ich wohne aber in Wien. „Na super, und wie laung scho?“ Verdammt. Zwölf Jahre.

Urlaub. „And where are you from?“, fragt der freundliche B&B-Betreiber in Wales. Und wie überall im Ausland antworten wir wahrheitsgemäß mit „from Austria", ohne unsere wahre Nationalität zu erwähnen. „Austria? Nice Country." Vorbehalte gegen Deutsche sind verbreiteter. Nur ein paar Jahre lang Anfang der 90er sind wir im Ausland bekennende Deutsche. Um die Reaktion „Austria? Waldheim!" zu vermeiden. Und am Klopeinersee sagt eine deutsche Urlauberin im Supermarkt zu ihrem Sohn: „Du legst die Kekse sofort wieder zurück. Wir sind in Österreich. Da essen wir Mannerschnitten."

Familie. „Do schau her, a Piefke-Mädl. Typisch!" Was mag das unwirsche und handgreifliche Exekutivorgan damit meinen? Ist es typisch deutsch, um zwei Uhr nachts dem unwiderstehlichen Drang nachzugeben, vom Dach des Naturhistorischen Museums aus den Blick über Wien genießen zu wollen? Illegal ist es, was meine Tochter da gemacht hat, das schon, aber was ist daran typisch? Wahrscheinlich die Frechheit, das Exekutivorgan bei der Verhaftung – „No, woima die Saliera klaun?" – darauf hinzuweisen, dass man sich zu diesem Behufe auf dem falschen der beiden Bauwerke befände. „A klane Klugscheißerin!" Dafür darf sie auch die ganze Nacht im Gefängnis verbringen.

Interessant in diesem Zusammenhang: Der Pass macht den Piefke. Bis zum Erfassen der Personalien war meine vor 22 Jahren in Wien geborene und demzufolge sprachlich eher unverdächtige Tochter eine ganz normale kriminelle Einbruchsversucherin, die sich übrigens rückblickend glücklich schätzen darf, gleich von einem Dutzend aufgeregter Polizisten verhaftet worden und somit der unberechenbaren Dynamik eingeschworener Streifenwagen-Duos entgangen zu sein. Es war ihr Ausweis, der ihr das Etikett „Piefke-Mädl" einbrachte. Und plötzlich war ihr Verhalten typisch.

31 Jahre in Wien. Auf dem Rückflug aus der Ukraine lesen meine Tochter und ich uns gegenseitig die dümmsten Meldungen aus *Österreich* und der *Kronen Zeitung* vor. Nachrichten aus der Heimat. Ich bin nie gekommen, um zu bleiben. Ich bin geblieben, um endlich einmal nachhause zu kommen.

Peter Blau, Autor, Journalist und Redakteur für Printmedien, Radio und Fernsehen, wurde 1965 ungefragt als Deutscher in Tokio geboren und 1978 gegen seinen Willen nach Wien umgesiedelt. Für alles Weitere übernimmt er die volle Verantwortung. Von Deutschland hat er keine Ahnung.

Von Quarktaschen und Topfengolatschen

Birgit Fenderl über sprachliche Identität

Das eine Buch hatte einen grauen Einband, das andere einen grünen und beide waren wohl jene Lexika, die meine Eltern am häufigsten aus unserer Bücherwand zogen. Dann nämlich, wenn es wieder einmal darum ging, wie es nun richtig heißt: Sessel oder Stuhl, Sahne oder Obers oder ob man *der* Teller sagen muss oder *das* Teller. Der deutsche *Duden* und das *Österreichische Wörterbuch* – in unserer deutsch-österreichischen Familie waren sie ständig in Gebrauch.

„Was Deutschland und Österreich trennt, ist die gemeinsame Sprache." Dieses berühmte Zitat von Karl Kraus hat auf meine Familie bestens gepasst und passt noch immer. Von den Sprachdiskussionen ist es nicht weit zu Mentalitätsdiskussionen und schon sind wir mittendrin im schwierigen Verhältnis der verfreundeten Nachbarn. Deutsche und Österreicher – eine Beziehung geprägt von Vorurteilen, Minderwertigkeitskomplexen und Überheblichkeitsgefühlen, historisch belastet und eigentlich doch sehr eng. Und im Großen und Ganzen verstehen wir uns ja prächtig, Ösis und Piefkes, alles andere wäre auch absurd. Doch bei näherer Betrachtung bleibt es immer ein spezielles Verhältnis zwischen dem Großen Bruder und der Alpenrepublik. Und weil es um dieses hier gehen soll, will ich versuchen, aus meiner Sicht – sozusagen zwischen den Fronten – einen Blick darauf zu werfen.

Ich bin in Wien, der Heimatstadt meiner Mutter geboren, meine ersten drei Lebensjahre verbrachte ich in München, der Heimat meines Vaters. Und weil dieser aufgrund seines deutschen Studiums, das damals nicht in Österreich anerkannt wurde, nur in Deutschland in seinem Beruf als Zahnarzt arbeiten konnte, meine Mutter wiederum aber in Österreich leben wollte, wurde Salzburg als „neutraler" Ort zum Familiensitz erkoren. Auch weil ich dadurch eine österreichische Schule besuchen konnte, was meiner Mutter sehr wichtig war, aber dazu später. Damals in den 80er Jahren war die Grenze wirklich noch eine, mit Passkontrollen und Auto-Durchsuchen – „drüben“ billiger einkaufen und „heimschmuggeln“: eine beliebte Salzburger Freizeitbeschäftigung. Deutsche Mark dort, Schilling da – bei uns zuhause waren beide Währungen ganz normal. Bei der Sprache sah es anders aus. Mein erstes Kindergartenjahr sollte ich in Freilassing verbringen, so der Plan, das vor der Schule dann in Salzburg. Doch aus einem Jahr wurden wenige Monate: Als ich eines Tages mit meiner Mutter in breitestem Bayerisch zur reden begann, war meine bayerische Lehrzeit beendet. Ihr eigenes Kind, das „Obacht“ sagt, wenn es „pass auf“ meint und sich dann auch noch mit „Tschüss“ verabschiedet, das ertrugen die Wiener Ohren meiner Mutter nicht. Mein Vater war wesentlich toleranter, was meiner Erfahrung nach recht typisch im deutsch-österreichischen „Sprachkonflikt“ ist. Nie habe ich in Deutschland erlebt, dass über den österreichischen Akzent hergezogen wird. Mag sein, dass er manchmal als „niedlich“ belächelt wird, aber abgelehnt wird das Alpendeutsch nicht, eher als charmant empfunden. Umgekehrt ist das ganz anders. Oder haben Sie schon mal einen Österreicher was Positives über deutsches Deutsch sagen hören? Ich eigentlich nicht. Eine kleine, völlig unrepräsentative Umfrage in der Facebook-Community anlässlich dieses Buchbeitrags hat mich da nur bestätigt. Niemand hat geschrieben, dass die Deutschen eigentlich grammatikalisch wesentlich korrekter sprächen, redegewandter seien. Niemand hat einen deutschen Dialekt angeführt, der für schön befunden wird. Im Gegenteil, es entstand sofort eine rege Diskussion darüber, wie seltsam es sich anhört, wenn die Deutschen für China „Schina“ sagen oder wie sie Fremdwörter deutsch aussprechen, zum Beispiel wenn Cousin nach „Kuseng“ klingt, während das Österreichische sich viel mehr an der jeweiligen Sprache orientiere. Na ja, sollten wir nicht ganz vergessen, wie viele Menschen Jahr für Jahr nach „MaLLorca“ reisen, Betonung auf „LLLL“ à la Meidling. (Für Nicht-Wiener: speziell betontes und nicht sehr elegantes „l“, das angeblich besonders im 12. Wiener Gemeindebezirk Meidling so ausgesprochen wird.)

Dass die Sprache als Abgrenzung für die Österreicher wichtiger ist als für die Deutschen, erklärt sich nicht nur aus der Kleinheit des Landes. Auch ein Blick auf die jüngere Geschichte – vom Zerfall der

Habsburger Monarchie und der österreichischen Republik als kaum überlebensfähriger „Rest" der Monarchie bis zur Gleichschaltung von Deutschland und Österreich im Nationalsozialismus und zu dem Mythos des „ersten Opfers" des Hitlerreiches – erklärt die Wichtigkeit einer eigenständigen Identität und Sprache. Als Österreich 1995 der EU beitrat, war die von so manchem Massenmedium geschürte Sorge vor dem Untergang des Österreichischen und der Dominanz der deutsch-deutschen Sprache ein großes Thema. Ein wenig zur Beruhigung beitragen konnte schließlich das berühmte *Protokoll 10* über die Verwendung spezifisch österreichischer Ausdrücke der deutschen Sprache im Rahmen der Europäischen Union. Darin sind insgesamt 23 österreichische Bezeichnungen für Lebensmittel angeführt, die „mit gleicher Rechtswirkung verwendet werden dürfen wie die in Deutschland entsprechenden Ausdrücke". Eierschwammerl wurden also durch den EU-Beitritt nicht zu Pfifferlingen, Ribisel nicht zu Johannisbeeren, später kam dann noch die Marmelade als 24. Beispiel zu dem sogenannten Küchenglossar hinzu.

Als Kind fungierte ich oft als Übersetzerin, wenn meine deutsche Oma meiner österreichischen „Feldsalat" anbot, also „Vogerlsalat", oder meine Wiener Oma im Sommer von der „Gelsenplage" auf ihrem Urlaub am Neusiedler See erzählte und die deutsche Verwandtschaft erst verstand, um welche Plage es geht, als ich ihnen die „Gelsen" in „Stechmücken" übersetzte. Für mich war das nie ein Problem. Sozusagen zweisprachig aufgewachsen, machte es mir Spaß, manchmal als Einzige beide Seiten zu verstehen und zwischen ihnen zu vermitteln. Mag sein, dass sich mein späteres Interesse für Fremdsprachen so begründet hat.

Dass ein gewisser „deutscher Einschlag" in Österreich alles andere als beliebt ist, habe ich schon in der Schule in Salzburg zu spüren bekommen, obwohl diese nicht mal zehn Kilometer von Deutschland entfernt lag. Wer statt nein auch mal „nee" sagt, wird in Österreich schnell abgestempelt. Wenn ich bei einer Klassenreise oder später Studienfahrt meinen Pass brauchte, fand das eigentlich nie jemand cool, im Gegensatz zu anderen Ausländern mit exotischen Staatsbürgerschaften oder gar ausgefallenen Doppelstaatsbürgerschaften. Apropos, von meinen Eltern weiß ich aus Erzählungen, dass sie mit ihren Bemühungen, für mich eine deutsch-österreichische oder österreichisch-deutsche Staatsbürgerschaft zu bekommen, keinen Erfolg hatten. Als Kind wurde mir oft erzählt, Österreich würde das nicht wollen, ob es stimmt, kann ich nicht mehr überprüfen.

Manchmal passiert es mir, dass mich jemand anspricht, ich klinge irgendwie ein bisserl deutsch. Und das ist nicht als Kompliment gemeint, eher schon in der Sorge, eine Nachrichtenmoderatorin in Österreich könne doch am Ende eine Deutsche sein. Ich wundere mich immer, wenn ich das gefragt werde, weil ich meiner Meinung nach astrein Österreichisch spreche und mein Deutschsein vor allem in meinem deutschen Pass dokumentiert ist. Aber offenbar ist auch an mir mehr deutsch als ich selber denke, auch wenn ich in Deutschland nur mit großer Überwindung eine „Apfelschorle" bestelle statt eines „gespritzten Apfelsafts".

Gerade in den vergangenen Jahren sind viele österreichische Journalisten nach Deutschland gegangen, einige bekleiden die mächtigsten Chefpositionen, man denke nur an Gerhard Zeiler als Chef von *RTL*. On air ist das schon etwas ganz anders. Arabella Kiesbauer oder Christian Clerici – im deutschen Fernsehen haben sie ihre Sprache angepasst. Einzig ein Wettermoderator im deutschen Privatfernsehen hat sein Österreichisch behalten. Ein Nachrichten-Anchor muss im deutschen Fernsehen deutsch, im österreichischen österreichisch klingen, das ist ein ungeschriebenes Gesetz.

Vor vielen Jahren habe ich selbst bei einem Moderationsseminar bei den deutschen Kollegen erlebt, wie inkompatibel österreichisches Deutsch und deutsches Deutsch in Nachrichtensendungen im jeweils anderen Land sind. Als ich mein Demo-Band mit einer kurzen von mir moderierten *Zeit im Bild* vorführte, begannen die deutschen Kollegen plötzlich an Stellen zu lachen, an denen ich nichts Komisches entdecken konnte. Fast wäre ich beleidigt gewesen, doch in der anschließenden Diskussion stellte sich schnell heraus: Es war meine Aussprache, die sie komisch fanden. Manche Ausdrücke verstanden sie nicht, insgesamt empfanden sie meinen österreichischen Akzent als zu „weich" für eine Nachrichtensendung.

Eine „Schalte" zu einer Außenstelle oder eine „Schaltung", wie es in Österreich heißt, das klingt nach minimalem Unterschied, akzeptiert wird es aber von der jeweils anderen Zuseherschaft ungern.

Durch das Privatfernsehen in Österreich sind viele typisch deutsche Begriffe in Österreich vor allem bei den Jüngeren in den Sprachgebrauch übergegangen, aber das will man hier nur im deutschen Fernsehen hören, sicher nicht im eigenen. Auch die Schweizer wollen, wenn sie den Fernseher aufdrehen, ihre eigene Alltagssprache wiedererkennen, doch die wiederum ist für die anderen Deutschsprachigen soundso eine Fremdsprache, also fällt die Rivalität weg.

Die Deutschen sind in Östereich zwar mittlerweile längst die größte Einwanderer-Gruppe, die am besten qualifizierten Migranten, sicher auch die am besten integrierten, beliebt ist man als Piefke in Österreich aber noch lange nicht.

Für meinen ersten Job brauchte ich den sogenannten Befreiungsschein, ein Attest, dass ich zwar Ausländerin, aber mit den Österreichern arbeitsrechtlich gleich gestellt bin, EU hin oder her. Später bekam ich den sogenannten Fremdenausweis, ein kleines in Gelb gehaltenes Heftchen in Führerscheinformat. All diese Dinge haben mich eher dazu gebracht, mich doch mehr als Deutsche zu fühlen als es nur durch meinen Pass zu sein.

Aber durch all diese kleinen Episoden hat mich das angespannte Verhältnis mein Leben lang begleitet. Als ich im Ausland studierte, merkte ich plötzlich selber, dass ich in manchen Punkten deutscher bin, als es mir vorher aufgefallen war. Bei all meiner Liebe zu Italien, als ich dort studiert und im Sommer auch als Studentin gejobt habe, die permanente Unpünktlichkeit konnte ich nicht ertragen. Meine Mutter, die ihre letzten zehn Jahre in Italien lebte, hat das auch gestört, aber immer viel weniger als mich. In Italien habe ich übrigens erlebt, wie es ist, wenn sich Deutsche und Österreicher im Ausland begegnen – als Nachbarn, wie es bei meiner Mutter der Fall war. Minderwertigkeitskomplexe und Überheblichkeitsgefühl verstärken sich offenbar fern der jeweiligen Heimat. Uneinigkeiten in einer insgesamt guten Nachbarschaft, schnell waren sie am vermeintlichen Kern: So sind sie halt, die Österreicher und umgekehrt, na typisch die Deutschen, im Ausland sind sie ja noch schlimmer. Dass die Italiener meine Mutter immer als „la tedesca", also die Deutsche, und nie als „l'austriaca" bezeichnet haben, hat die Sache nicht besser gemacht. Österreicher werden von anderen Europäern oft wenig von Deutschen unterschieden, wenn nicht überhaupt in einen Topf geworfen. Wieder ein Grund mehr für die ständige Abgrenzung und das grundlegende Misstrauen gegenüber den Nachbarn.

Mich selbst haben die Österreicher-Witze, die meine deutschen Verwandten bei jedem Familenfest mit Freude erzählen, immer genauso geärgert wie ernsthafte Schimpfereien über die Piefkinesen. Gepflegte Frotzelei hingegen gehört wohl zum deutsch-östereichischen Umgang und macht sie auch zu etwas Speziellem. In meinem Leben holt mich das Thema jedenfalls immer wieder ein. Meine Tochter ist in Wien geboren, ihre Mutter gefühlte Österreicherin mit deutschem Pass, ihr Vater Deutscher. Die Sprachdiskussion in meiner Familie ist also in die nächste Generation gegangen.

Birgit Fenderl, 1971 in Wien geboren, Politologin und Romanistin, arbeitet seit 1993 beim ORF, zuerst als Redakteurin des *Aktuellen Dienstes,* seit 1998 vorwiegend als Moderatorin. Gründungsmitglied der damals ersten mitternächtlichen Nachrichtensendung im ORF, der *ZiB 3.* Später hat sie auch die *ZiB 2* und das Innenpolitikmagazin *Report* moderiert. Derzeit moderiert sie die Tagesausgaben der *ZiB* um 9.00 und um 13.00 Uhr.

Disziplin, paniert

Nicole Spilker über österreichische Renitenz und den Hang zum Philosophischen

Wenn in Deutschland die Ampeln auf rot schalten, fällt den Fußgängern das Herz in die Hose. Alle bleiben schreckerstarrt stehen. Nur die Touristen gehen weiter. Der Deutsche aber in jedem Fall, auch bei freier Sicht aufs Mittelmeer: Salzsäule. SO gehen die Deutschen! Sie stehen im Gehen. Schaltet die Ampel auf Grün, marschiert die deutsche Armee im Gleichschritt über die Kreuzung. Der Österreicher hingegen vertrödelt alles, also auch den synchronen Abmarsch bei Grün. Und er tratscht gern und überall, unter anderem eben bei der Kreuzungsüberquerung. Ob die Ampel rot, gelb oder grün ist, ist ihm net amal wurscht. (Mit Ausnahme der alten Kriegswitwen, die sind preußischer imprägniert als die Preußen selbst.) Schon oft gesehen, und nicht nur um 4.30 Uhr am Naschmarkt an einem Sonntagmorgen. Ich stand, und die Österreicher wankten. Aber fielen nicht.

Wie soll man nun die große Wurschtigkeit vor der Farbenlehre der Straßenverkehrsordnung deuten? Ich glaube, man kann darin einen typisch österreichischen Zug zur Aufsässigkeit im Kleinen erkennen, der sich vorzüglich mit der Autoritätsgläubigkeit im Großen verträgt. Die Österreicher singen ja auch gern Lieder wie *Nie mehr Schule* und meinen es auch so, weswegen sie beim Pisa-Test sogar noch hinter den Deutschen landen. Die Deutschen nehmen alles ernst. Also auch eine etwaige Wurschtigkeit, die dann aber eben keine mehr ist, sondern kritisch hinterfragt wird. Und weil man im Lande Hegels bekanntlich der Ansicht zuneigt, dass das Wirkliche das Vernünftige ist, gilt auch die Ampel als ein Zeichen der praktischen, wenn nicht gar der reinen Vernunft. Die kann einem also gar nicht wurscht sein. Man kann höchstens ganz herrschaftsfrei über den Sinn der Einhaltung der Ampelvorschriften an leeren Straßen diskutieren. Anhänger des neudeutschen Verfassungspatriotismus würden ins Treffen führen, dass, auch wenn die Straße leer ist, der Sinn der Straßenverkehrsordnung voll und ganz erhalten bleibt. Anhänger der Kritischen Theorie würden die Ampel als Instrument zur Lenkung von Kapital- und Menschenströmen entlarven. Und trotzdem bei Rot stehen bleiben.

Eine andere Form der spezifisch österreichischen Renitenz im Kleinen bei gleichzeitiger Angepasstheit im Großen bzw. in der Großdisco manifestiert sich im Typus des Krocha. Der Krocha hat es geschafft, sämtliche Jugendversteher und Jugenddeuter Österreichs gegen sich aufzubringen, und das ist doch schon was. Wie hat er das geschafft? Zunächst einmal durch zuverlässig nervige Mode, zuverlässig nervtötende Musik und zuverlässiges nervöses Zucken, begleitet von beständigen Remixes eines virtuosen sekundären Analphabetismus. Man merkt, ich bin auch schon in die Falle gegangen: Die Krocha sind die Straßenpunks der Gegenwart, die Haschbrüder des Heute, die Gammler des Hier und Jetzt. Keiner mag sie, jeder spuckt auf sie und so schön modisch unmodisch sind sie auch. Bzw. waren, denn die Krocha gibt es ja eigentlich gar nicht mehr. So wie in Deutschland, wo es sie nie gegeben hat. In Deutschland waren die Jugendbewegungen zu vernünftig, um auf solch einen Schaaß hereinzufallen. Stichwort Hamburger Schule statt Nie mehr Schule. In Deutschland verschwendet man die Jugend lieber beim Casting für *Germany´s Next Topmodel.* Auch hier darf man nicht bei Rot über den Laufsteg gehen. Alles tanzt nach der Pfeife der Polizistin. Disziplin ist alles, Selbstdisziplin noch mehr. In Österreich gab es auch einmal den Versuch, mit *Austria´s Next Topmodel* die weibliche Jugend zu dressieren. Erfolglos natürlich. Gewonnen hat Larissa Marolt, eine damals 17-jährige Kärntnerin, die auch heute noch glaubt, zur Not Schriftstellerin werden zu können. Obwohl: In Österreich werden ja tatsächlich viele Leute Schriftsteller, von denen man es zuvor nicht vermutet hätte. Armin Assinger etwa. Das Buch des Exgendarmen und Abfahrtsläufers *Wo die Komantschen pfeif'n. Auf der Fährte eines Skirennläufers* kann man bei Amazon im Juli 2009 ab neun Cent erwerben. *Das geheime Wissen der Lakota. Die 7 Wege zu einem besseren Leben* von Waterloo (dem Sänger, nicht der Stadt) ist dagegen preislich noch wahrer Luxus.

In Österreich gibt es aber nicht nur unverhältnismäßig viele Schriftsteller, sondern auch genauso viele selbst ernannte Philosophen, getreu dem alten Motto: Worüber man nicht reden kann, darüber muss man tratschen. Zum Beispiel heute Abend, bei einer Wiederholung der ein wenig sozialpornografischen TV-*Alltagsgeschichte* der Ausfragerin des Landes, Elizabeth T. Spira. Bei Wein, Weib und Gesang, sprich beim Heurigen outen sich rennradtrikotbewehrte, ein wenig in die Jahre gekommene Gemeindebauplayboys als „starke Angreifer". Im Zwischenmenschlichen. Andere Damen sind eher starke Angreifer im Weintechnischen. Davon kommen dann starke Meinungen. Das Ausland mögen die Damen nicht so gern, weil erstens Ausland und zweitens „mag i kan Fisch. Höchstens paniertes Dorschfilet". Als aufmerksamer Beobachter der kulinarischen Gewohnheiten der Eingeborenen fällt einem auf, dass eigentlich alles, was in irgendeiner signifikanten Form ans Schnitzel erinnert (panierter Fisch, paniertes Hendl, panierter Emmentaler) irgendwie leiwand ist und alles andere irgendwie nicht. Andererseits sollte ich den Mund nicht zu voll nehmen. Gestern wurde in großer, österreichlastiger und auch schon ein wenig weinseliger Runde ausgerechnet von einem gut im Futter stehenden Hessen die norddeutsche Küche als inferior dargestellt. Hingegen die Österreicher! Das Knödel-Schnitzel-Tafelspitz-Nierndln-Kaiserschmarrn-Paradies. Ich hielt dagegen. Zuerst konterte ich, dass auch in Hamburg hervorragend gekocht werde. Ja, und zwar von Österreichern, erwiderte der Hesse. Prusten der Österreicher. Als Nächstes wollte ich eines meiner traditionellen Lieblingsgerichte aus dem hohen Norden ins Treffen führen. Leider fiel mir keines ein. Labskaus, höhnte der Hesse: eine Art giftrosa-kackbraun radioaktiv verstrahltes Fischmus. Stinkt verlässlich und schmeckt so, wie es stinkt. Die Österreicher bestellten noch einen Mohr im Hemd. Unkorrekter geht es ja wohl nicht! Dann zog ich meinen letzten Trumpf. Die hiesige Filiale eines großen norddeutschen Fischtandlers bietet nämlich Matjesbrötchen an. Mit Zwiebeln und Majo. Den Österreichern blieb der Mohr im Hemd stecken. Eben, ich sage nur „Pommes-Schranke": Rotweiß, gackerte der Hesse, und die Ösis gackerten mit. Aber meine Freunde, sagte ich, es ist eben genau andersrum. Der österreichische Barock kleckst die Majo drauf. Wir protestantischen Asketen aber brauchen nur die Zwiebel. Und sonst nichts.

Leider wurde die Geschichte nicht als endgültiger Beweis für die letztendliche Superiorität der zu Unrecht geschmähten bzw. net amal ignorierten norddeutschen Hochküche (Labskaus! Pommes-Schranke! Matjesbrötchen!) gewertet. Außerdem haben wir auch die Kartoffel. Und den Kohl. Apropos Kohl: War der nicht auch ein Schlemmer vor dem Herrn? Wusste der nicht, was gut und richtig ist? Und noch was: Richtig ist es auch, bei Rot an der Straße anzuhalten, selbst wenn beim besten Willen und mit Feldstecher kein sich näherndes Automobil erkennbar ist. Genauso, wie es richtig ist, gegen das Rot am Teller energisch vorzugehen. Und in dem Fall meine ich das Ketchup. Zum Schnitzel. Oder zum Dorschfilet.

Nicole Spilker, 1976 in Bückeburg geboren, stellvertretende Chefredakteurin der österreichischen Zeitschriften *H.O.M.E.* und *flair.* Arbeitete in Deutschland unter anderem für die Magazine *hamburg:pur* und *Prinz,* in Wien für *City* und *Falter.* Sie kam 2004 der Liebe wegen nach Wien, nicht aus wirtschaftlichen Gründen. Und wollte auch nie Medizin studieren.

Im dritten Raum

Christiane Hartnack über künftige Erinnerungen an Österreich

Der Titel dieser Anthologie drückt nicht ganz mein aktuelles Lebensgefühl aus. Seitdem ich in Österreich lebe, denke ich immer wieder daran nach Berlin zurückzukehren. Als Hort künftiger Erinnerungen erstand ich kürzlich eine rollbare 80-Liter-Allzweckkiste, passend „Easy Home“ etikettiert. Ich bezeichne diesen stabilen Klarsichtbehälter je nach Befindlichkeit und Kontext auch als Hofer- oder Aldi-Kiste, Austriaca-Box, Memorabilia-Kastl, Nostalgie-Behälter, Erinnerungs-Container oder Varianten davon. Der bisherige Inhalt in Form sporadisch hineingeworfener Erinnerungsstücke bringt meine Ambivalenz gegenüber Österreich zum Ausdruck. Ich fühle mich hier wohl; habe einen großen Freundeskreis, einen interessanten Job, ein altes Haus in wunderschöner Lage mit Donaublick gemietet. Und dennoch zieht es mich zurück nach Deutschland, nein: nach Berlin.

Bisher befinden sich in dem „Easy Home“-Container beispielsweise eine CD vom Neujahrskonzert 2002, Publikationen von Franz Schuh, Kunstkataloge und -postkarten von Maria Lassnig, Bildbände, Parteienwerbung von FPÖ und ÖVP, Objekte mit Meinl-Logos, das Hochglanzmagazin *Schaufenster/Volkskultur,* Schreiben österreichischer Politiker und Speisekarten meiner Lieblingsrestaurants.

Das musikalische Highlight meiner bisherigen Zeit in Österreich war das Neujahrskonzert 2002, dirigiert von Seiji Ozawa. Ich war berauscht von dem Klang. Nach dem Konzert unterhielten sich an der Garderobe zwei ältere Damen über den Dirigenten. Gekleidet in feinstes Tuch, Marke „Habsburg“, und behängt mit den edelsten Juwelen einer Döblinger Hofratswitwe oder Hietzinger Aristokratin, nörgelte die eine mit heruntergezogenen Mundwinkeln: „Das klang aber net wienerisch“, was die andere vollauf bejahte. Ich ärgerte mich so sehr über diese ortsbezogene Arroganz, dass ich mich ungefragt mit einem „Es klang aber wunderschön!" einmischte. Beim Verlassen des glanzvollen imperialen Gebäudes überlagerte sich mein ozeanischer, da alle Unterschiede überflutender Glückszustand mit einem eigenartigen Fremdheitsgefühl. Ich spürte in mir Grenzziehungen und hatte den Eindruck, nicht dazuzugehören.

Ein wesentlich erfreulicheres Gefühl stellt sich bei der Lektüre von Franz Schuh ein. Sie bewirkt in mir sowohl einen intellektuellen Kitzel im Bereich des Wohlvertrauten als auch einen Sog in bereichernde neue Wahrnehmungs- und Erfahrungswelten, die für mich – ebenso wie barocke Kumuluswolken – Wien repräsentieren.

Eine weitere kulturelle Entdeckung, die ich hier machen durfte, sind die Werke Maria Lassnigs. Es ist beeindruckend, wie sie in wenigen Pinselstrichen und den für sie charakteristischen schrägen Farben weibliches Körperempfinden und aktuelle Themen festhält. Ihre analytische Schärfe und ihr bissiger Humor kommen beispielsweise auf dem grandiosen Bild mit dem selbstsicheren Gläubigen mit Maschinengewehr und dem eingeschüchterten verknoteten Ungläubigen voll zum Ausdruck.

Neben diesen bereichernden künstlerischen Highlights, erschreckt mich das kalte Blitzblau und das übervolle Lay-out eines Wahlaufrufs der FPÖ. Den fremdenfeindlichen, dummen Text möchte ich nicht zitieren. So wie ich überhaupt zunehmend versuche, meine Wahrnehmung in Bezug auf Aussagen und Verhalten von Vertretern des rechtslastigen Parteienspektrums zu verdrängen. Höre ich beispielsweise das Stichwort „Ortstafelstreit" im ORF, so suche ich sofort nach der Fernbedienung. Es geht mir bei dem FPÖ-Flyer um Erinnerungen. Leider funktioniert es nicht, das, wohinter fast ein Drittel der wahlberechtigten Österreicher/-innen steht, zu ignorieren und sich im Alltag so etwas wie Scheuklappen anzulegen. Das Private ist auch politisiert. Einer der „feschen" Herren, die auf dem Flyer abgebildet sind, hat mir auf der Donau rudern beigebracht. Österreich ist klein.

Das älteste Stück meiner Memorabiliensammlung datiert vom Herbst 2000. Es ist das Plakat einer PR-Kampagne der ÖVP mit dem Titel „Stark, schwarz, weiblich" und zeigt eine Gruppe junger Reiterinnen mit wehenden, langen, blonden Haaren, aufgesattelt auf hohen, schwarzen Rössern. In ihre Gesichter sind Fotos damaliger ÖVP-Politikerinnen montiert. Dynamische, vorwärtsorientierte „Powerfrauen“ sind überall vonnöten und bekanntlich ist die soziale und wirtschaftliche Situation von Frauen in Österreich, gemessen an internationalem Maßstab, alles andere als rosig. Ich frage mich, was diese ÖVP-Politikerinnen in den vergangenen neun Jahren trotz ihrer „PS“ geleistet haben. Haben sie wirklich versucht, die Zahl der Kindergärten und Ganztagsschulen, die Frauengehälter, die Qualität der Gesundheitsversorgung von Frauen, den Prozentsatz von Frauen in Führungspositionen zu erhöhen und vor allem die für ein so reiches Land beschämende Zahl von Frauen unter der Armutsgrenze zu senken?

Das auffälligste Objekt in der Kiste ist ein großes, korallenrotes Papiersackerl von Meinl am Graben. Ich liebe diese Papierqualität und vor allem dieses Rot und wundere mich gleichzeitig darüber, dass der Mohr – diese eurozentrisch-koloniale Projektionsfigur – hierzulande seinen Einzug ins 21. Jahrhundert geschafft hat. Bezeichnenderweise haben die Meinl-Filialen in den USA auf den Mohr verzichtet. Man stelle sich Meinl-Zuckerln in Flügen von United oder American Airlines oder, noch besser, Obama mit diesem Meinlsackerl im Weißen Haus vor! Immer wieder staune ich darüber, wie sehr vergangene Zeiten in Österreich nicht nur visuell, sondern auch sprachlich nach wie vor präsent sind. Afrikaner oder Afro-Amerikaner werden selbst von jüngeren Personen und keinesfalls bewusst diffamierend öffentlich als „Neger“ bezeichnet. Vor einigen Jahren sprach eine ORF-Nachrichtensprecherin in einer Sendung statt von „Tschechien“ noch von der „Tschechei“ und 2008 nannte ein amtierender Landeshauptmann Minarette in seinem Bundesland „artfremd“.

Voll rückwärtsgewandter Heimattümelei ist auch das Hochglanzmagazin *Schaufenster/Volkskultur* (Nachrichten zur Volkskultur in Niederösterreich). Das Titelthema der aktuellen Ausgabe (4/2009), die ich in die Box gelegt habe, lautet: „Wir tragen Niederösterreich“. Eine größere Version des Titelbildes, das sich als DIN A2-Poster in der Zeitschriftenmitte befindet, illustriert diese doppeldeutige Wortwahl: Über den Köpfen von zwei pausbäckigen Maderln in Tracht (eins davon mit bäuerlichem Kopftuch) hängt ein gesticktes Wandbild – in der Mitte Kaiser Franz Joseph, umrahmt von den

Worten: „Ruft uns das Vaterland wieder – so legen wir die Arbeit nieder – und folgen treu der Fahne dann".

Meine Integration in Niederösterreich geht zwar nicht so weit, dass ich jemals daran gedacht hätte, mir ein Dirndl zuzulegen und damit aktiv zur Wiederbelebung einer versinkenden Welt beizutragen. Ich bin aber über mich selbst erstaunt, dass ich hier Geld für sentimentale Bildbände mit kitschigen Titeln wie *Wo der Wein blüht* ausgebe. Ich stehe dazu, dass ich diese Bände mag. Gelbe „Post-its" markieren Aufnahmen, die mir besonders gut gefallen, wie z. B. alte knorrige Veltliner-Rebstöcke im Raureif, mystische Nebelschwaden über der Donau oder die Schwarza in glasklarem phosphorisierendem Türkisblau vor weißem Kalkgestein und pechschwarzen Gebirgskiefern.

Naturverbundenheit kommt gut an in Österreich, vor allem auf dem Land. Meine Blumenpracht vor dem Haus in der Wachau gibt z. B. Anlass zu Plaudereien mit Nachbarinnen, die sich mir gegenüber wiederum über „die Wiener" beschweren. Diese werden betrachtet, als gäbe es nur einen Typus multipliziert mit 1,7 Millionen. Eine der immer wiederkehrenden Klagen ist, dass „die Wiener" u. a. durch fehlende Blumenpracht vor ihrem Zweitwohnsitz beim Dorfverschönerungswettbewerb nicht zu den so dringend notwendigen Pluspunkten beitragen. Obwohl meine eigene, äußerst üppige und kunterbunte Pflanzenmischung kein ausgezupftes und fast totgedüngtes Geranien-Blumenkastenregiment ist, fühle ich mich diesbezüglich im Dorf voll integriert.

Dass man allerdings als „Zugereiste" in diesem Land niemals wirklich dazugehören und niemals über ein derartiges Netzwerk verfügen wird wie die Einheimischen, wurde mir spätestens bewusst, als ich in meiner Funktion Stellen ausschreiben konnte. In meinem Nostalgiekastl liegen an mich persönlich gerichtete Schreiben von drei Ministern, die mir ungefragt nahelegten, bestimmte Posten mit ihnen bekannten Personen zu besetzen. Es sind keine hingeworfenen lieblosen „copy and paste"-E-Mails, wie ich sie aus Deutschland kenne. Nein, einer von ihnen hat mir sein Anliegen sogar in Schönschrift und blauer Tinte auf Büttenbriefpapier mit geprägtem Briefkopf übermittelt. Nach den Bewerbungsgesprächen mit diesen Günstlingen habe ich mich bemüht, den Politikern mit inhaltlicher und formaler Sorgfalt zu antworten. Das hat mir Energie geraubt, vor allem weil ich mich darüber ärgerte, dass auch ich wegen dieser Freunderlwirtschaft unnötig Zeit vergeudete und meine eigentlichen Aufgaben dabei zu kurz kamen.

In solchen Momenten fühle ich mich wie ein Fisch auf dem Trockenen und denke dann daran, bald wieder nach Berlin zu ziehen. Ich werde dort sicherlich nicht so gut leben wie hier (woran mich auch die Speisekarten aus österreichischen Restaurants schmerzlich erinnern werden) und vieles vermissen, aber in meinem eigenen Selbstverständnis und in dem andere, keine „Migrantin mit Deutsch als Muttersprache“ oder schlicht keine „Ausländerin“ mehr sein.

Natürlich habe nicht allein ich mich verändert, sondern auch Deutschland und vor allem Berlin. Nach den langjährigen Erfahrungen in Wien und in der Wachau werde ich wahrscheinlich auch dort in einem – nach dem indischen, in den USA lehrenden Kulturwissenschaftler Homi Bhabha so benannten – „dritten Raum“ leben, einem kulturellen Zwischenraum; in einem bemitleidenswerten „weder hier noch dort“ sowie einem beneidenswerten, da bereichernden „sowohl hier wie dort“.

Christiane Hartnack, 1950 in Aachen geboren, seit 1997 in Österreich, zuerst in Wien und seit 2002 vorwiegend in einem Dorf in der Wachau lebend. Leiterin des Fachbereichs Interkulturelle Studien an der Donau-Universität Krems und Lektorin am Institut für Südasien-, Tibet- und Buddhismuskunde der Universität Wien.

Das muss Österreich sein

Fred Schreiber über Wien im Jahr 2019

Spätsommer, Wien, 2019, 8. Bezirk, Albertgasse, meine Wohnung.

Ich stelle das Radio an. Nachdem meine Putzfrau zu Gange war, ist auf dem Gerät immer noch Ö3 eingetastet. Ich erkenne es sofort am Jingle, der verkündet, man werde die nächsten drei Stunden die größten Hits des 20. und 21. Jahrhunderts spielen. Ich erinnere mich auch sogleich an die Umstände, unter denen ich den Text für den eben gehörten Jingle ins Mikrofon gesprochen habe. Gerade bei dem Wort „einundzwanzigstes" hatte mich der Toningenieur mehr als einmal ermahnt, dieses doch etwas weniger deutsch auszusprechen. Mein „ein" in diesem Wort dürfe nicht wie „ain", sondern müsse eher nach der hierzulande gebräuchlichen Mischung aus „ei „und „ä" klingen.

Beim Hören des Jingles erkenne ich trotzdem kaum meine eigene Stimme wieder. Zumal diese zusätzlich ab dem „Austria-ei" um etwa eine halbe Oktave nach unten transponiert wurde. Entweder, um dadurch den Inhalt etwas interessanter wirken zu lassen, oder um mein deutsches Idiom zu kaschieren. Der Jingle klingt jetzt als wäre er von Darth Vader gesprochen, nur eben mit österreichischer Synchronstimme. Ich sehe ihn vor mir, wie er mit ausgestrecktem Arm, von seinen telepathischen Kräften Gebrauch machend, dem Radiohörer die Luftwege zudrückt, als dieser sich gerade der Macht der Jahrhunderthits entziehen will.

Ein ähnliches atemberaubendes Gefühl beschleicht mich, als ich die Post öffne. Unter der Korrespondenz befindet sich ein Brief von der Ausländerbehörde. Ich überfliege das Schreiben, um schnellstmöglich die wichtigsten Fakten zu erfassen:

Ich hätte mich bis spätestens 29. September im Magistrat einzufinden. Meine Arbeitserlaubnis in Österreich laufe ab. Als deutscher Staatsbürger sei ich der Kategorie „Gastarbeiter A1" zugeordnet. In diese würden Angehörige von EU-Staaten fallen, die schon vor dem EU-Austritt Österreichs mindestens sieben Jahre hier ansässig waren. Die Arbeitserlaubnis könne daher ohne weiteres verlängert werden.

Anscheinend bin ich damals gerade rechtzeitig aus Deutschland nach Österreich gekommen. Nicht auszudenken, was alles an behördlichen Mühen auf mich warten würde, wäre ich auch nur zwei Tage nach dem Stichtag eingewandert.

Ich verlasse mein Haus in der Albertgasse, um das Amtsgebäude für den 8. Bezirk aufzusuchen. Mit dabei habe ich den Meldezettel, das polizeiliche Führungszeugnis, den Reisepass und für alle Fälle eine Kopie meiner Geburtsurkunde. Außerdem eine Bescheinigung des Arbeitgebers, der versichert, trotz meiner 49 Jahre, nicht auf meine Dienste verzichten zu wollen. Je älter man wird, desto unwahrscheinlicher ist es nämlich, dass einem in Österreich die Arbeitserlaubnis nochmal erteilt wird. Das gilt vor allem für Personen ohne Festanstellung außerhalb der Schlüsselsektoren Wirtschaft und Forschung. Das Sprechen von Radiojingles und Fernsehwerbung fällt wohl kaum in diesen Bereich.

Ich gehe also die Albertgasse hinauf in Richtung Café Hummel, überquere die Straße beim McDonald's und biege dann rechts in die Josefstädterstraße ein. Ich blicke auf die Uhr und beschließe, in einem der Straßencafés auf der Josefstädterstraße noch eine Rast einzulegen, um für den bevorstehenden Amtsgang gerüstet zu sein. Vom Zeitungsständer neben der Bar nehme ich die heutige Ausgabe der *Kronen Zeitung* und setze mich an einen der Tische auf dem Gehsteig. Eine junge Frau, wohl Anfang 20, begrüßt mich mit einem überaus piefkinesischen „Tach auch", bei dem mein Radiotoningenieur wohl die Hände über dem Kopf zusammenschlagen würde. Ich schließe aus ihrer Begrüßung, dass es sich um eine der mittlerweile etwas rarer gewordenen Studentinnen aus Deutschland handeln muss, die sich durch Kellnern das Studium finanzieren.

Ich schlage die Zeitung auf und studiere zunächst die gestrigen Ergebnisse der Fußballqualifikationsspiele zur EURO 2020, deren Austragung nächstes Jahr in der Türkei stattfinden wird. Die üblichen Teams führen die Gruppen an. Österreich hat gegen Italien gestern im Josef-Hickersberger-Stadion in Linz ein achtbares 1:1 erreicht und befindet sich in seiner Gruppe weiterhin auf dem zweiten Platz. Ich lese die Aufstellung der österreichischen Mannschaft und schließe aus den Namen auf eine Vielzahl von Spielern mit Migationshintergrund. Der Begriff „echte Käfigkicker", den ich vor Kurzem von einem Trainer während eines Interviews gehört habe, geht mir durch den Kopf. Der echte Straßenfußballer Herbert Prohaska lobt in seiner Gastkolumne sowohl die Moral als auch das technische Vermögen der Mannschaft. Der ÖFB-Präsident hingegen stellt fest, dass sich die konsequente Jugendarbeit, die vor zehn Jahren begonnen habe, mittlerweile auch auf das Nationalteam auswirke. Beim nochmaligen Lesen des Artikels verdrehe ich dabei Dativ und Akkusativ, ganz so, wie es Fußballgott Prohaska gerne in seinen Fernsehkommentaren praktiziert.

Nach dem Sport wandert mein Interesse zum Kulturteil der Zeitung, aus dem eine Geschichte über eine neue zwölfteilige Hauptabendserie heraussticht. Titel: *Die Bergdoktorin ermittelt.* Der Regisseur der Serie erzählt im Interview, man habe das Produkt bereits ausreichend getestet und in der relevanten Zielgruppe „54 plus" hervorragende Resultate erzielt. Stilistisch würde der Quotenhit eine Mischung bieten aus Heimatfilmen der 50er Jahre und den ORF-Krimiserien, die sich schon früher bewährt hätten. Als Bergdoktorin soll die immer noch taufrische Mirjam Weichselbraun zu sehen sein, die sich als Single vor Heiratsanträgen kaum retten kann, zahlreiche Verbrechen aufklärt und nebenbei in den Tiroler Bergen Menschen, Tiere und ihren kranken Vater, gespielt von Ottfried Fischer, kuriert. Ein ORF-Offizieller spricht im Kasten daneben von *Die Bergdoktorin ermittelt* als einem wichtigen Baustein zum „Kulturschwerpunkt Tirol", der vom ORF für das Jahr 2019 ausgerufen wurde.

In der heutigen *Kronen Zeitung* findet der Kulturschwerpunkt Tirol gleich auf der gegenüberliegenden Seite seine Fortsetzung. Diese befasst sich nämlich mit einem Bericht über die Volksopernpremiere der Operette *Andreas Hofer*, die anscheinend sowohl vom Publikum als auch vom Kronekritiker mit Begeisterung aufgenommen worden ist. In der Überschrift steht zu lesen „Hofer lebt und singt". In Zweizeilern werden dann zahlreiche Prominente zitiert, bei deren Aussagen jedoch nicht ganz klar wird, ob sie sich auf die Operette oder die historische Figur des Freiheitskämpfers beziehen. So ist beispielsweise der ÖVP-Ehrenvorsitzende Andreas Khol „stolz, auch nach 210 Jahren seinen Vornamen zu tragen". Daneben freut sich ein mir unbekannter FPÖ-Politiker, dass sich „endlich auch die Operette dem Thema Bergiselschlacht angenommen hat". Im Geiste setze ich hinter beide Zitate ein (sic!). Weiters auf dieser Seite: ein Bild, das die Enthüllung des Denkmals des „Unbekannten Freiheitskämpfers" in Innsbruck zeigt.

Ich überblättere einige Seiten mit Kontaktanzeigen und Telefonsexinseraten. Ich überfliege die üblichen „Daumen – rauf" Bilder der Gesellschaftskolumne, die diesmal von der Party anlässlich der 5000. Sendung von Dominic Heinzl im ORF stammen dürften. Heinzl, der bekannte Fernsehgesellschaftskolumnist, wird dabei von einem Zeitungsgesellschaftskolumnisten interviewt. Eine Frage lautet: „Wie schafft man es, als Gesellschaftskolumnist so bekannt zu werden?" Dabei stelle ich mir vor, wie Dominic Heinzl das Denkmal des Unbekannten Gesellschaftskolumnisten enthüllt und anschließend eine Trauerrede für alle namenlosen Societyreporter hält. Abschließend wird Heinzl noch nach seinen Abwanderungsgedanken nach Berlin gefragt. Daher auch die Überschrift: „Heinzl bleib(t)!"

Von diesem Satz, bei dem nicht ganz klar wird, ob sie der Kolumnist als Wunschgedanken seiner Leser oder als Bedrohung seiner Karriere formuliert hat, gelange ich zum Chronikteil. Darin geht es zum einen um den soeben erfolgten Schulanfang – ein blonder Taferlklassler im Strickjanker präsentiert stolz seine Schultüte –, zum anderen um die Situation an den österreichischen Universitäten. Hierzu vermeldet die *Krone:* „Positiv: 19% weniger Studenten aus Deutschland". Ich muss sofort an meine deutsche Kellnerin denken, ob die sich auch über diesen Erfolg freuen wird. Außerdem muss sie, wie ich aus dem Artikel schließe, als ausländische Studentin die dreifache Studengebühr bezahlen. Wenn die junge Dame also nicht noch Geld von ihren Eltern zugeschickt bekommt, gehen ihre Einkünfte aus dem Kaffeehaus wohl zu hundert Prozent ins österreichische Bildungssystem.

Der Politikteil ist diesmal fast ausschließlich der Blauschwarzen Regierungskoalition gewidmet. Bundeskanzler Heinz-Christian Strache äußert sich explizit über die von der EU diskutierten Sanktionen gegen Österreich. Er habe bereits als Innenminister während der letzten Regierungskoalition verkündet, den Brüsseler Kurs nicht mittragen zu wollen. Ich lese diese Aussage noch einmal, und spreche dabei das „ä" in den Worten „gewählte" und „vaterländische" als „e" aus, so wie Strache das wohl von Jörg Haider gelernt hatte. Das „ei" in „Gemeinschaft" hingegen mit „ä", so wie mein Toningenieur das gerne hört. In meinem Kopf entsteht ein grotesk klingender Satz, der mich an alte Schwarzweißfilme aus den 30ern erinnert, auf denen österreichische Politiker zu sehen sind, die unter freiem Himmel den Menschenmassen ihre Botschaften entgegenbrüllen.

Ich stehe auf, lege die Zeitung wieder an ihren Platz und bezahle die Rechnung mit einer 50-Schilling-Note. Zwar muss ich deren Gegenwert auch ein Jahr nach der Währungsreform immer noch geistig in den alten Euro umrechnen, erfreue mich aber gerne an den Motiven, die auf den Scheinen abgebildet sind. Auf dem Fünfziger beispielsweise ist im Vordergrund das Porträt von Mozart zu sehen, im Hintergrund das Vienna International Centre. Offensichtlich hielt man es bei der Österreichischen Nationalbank für eine gute Idee, sowohl das Alte mit dem Neuen, als auch die Hauptstadt mit der Provinz zu verbinden. Nachdem ich von der deutschen Kaffeehausstudentin das Wechselgeld – einen Zwanziger mit Falco und dem Grazer Uhrturm – erhalten habe, setze ich meinen Amtsweg fort.

Das Amtshaus des 8. Bezirks liegt am oberen Ende der Florianigasse am Dr.-Jörg -Haider-Platz 1. Der Platz hieß früher Schlesingerplatz. Ein alter Brunnen zierte damals seinen Mittelpunkt, um diesen herum waren Grünflächen angelegt, mit bequemen Liegen darauf, die jeder nutzen konnte. Nach der Wiedervereinigung des BZÖ mit der FPÖ vor der letzten Nationalratswahl im Jahr 2018 wurde der Platz umbenannt und der Brunnen durch eine Jörg-Haider-Statue ersetzt. Zwar ist das Amtshaus im Achten immer noch ein beliebter Ort für standesamtliche Trauungen, jedoch haben die Hochzeitsfotos anstatt eines romantischen Brunnens jetzt die Bronzestatue des Landeshauptmannes der Herzen im Hintergrund. Die Statue steht dabei leicht überlebensgroß in der Mitte auf einem Granitsockel und deutet mit erhobenem Arm nach Südwesten – wohl in Richtung Kärnten. Mittlerweile ist es verboten, die Grünflächen zu betreten. Außerdem unterstreicht ein Warnschild mit der Aufschrift: „Unterlassen Sie in Sichtweite des Dr.-Jörg-Haider-Denkmals pietätlose Tätigkeiten" die Wichtigkeit der denkmälernden Persönlichkeit.

Auch hier muss ich beim Lesen unwillkürlich das „t" durch „d", das „p" durch „b" und das „ä" durch „e" ersetzen. Außerdem verschlucke ich noch eine „g-k"-Kombination. Auf dem Verbotsschild könnte nach der Lautschrift so auch „biededlose Detikeitn" stehen. Vor dem Denkmal werden heute zufällig keine Trauungsbilder mit landeshauptmännischem Segen geschossen, dafür steht dort ein junges Paar, offensichtlich amerikanische Touristen, wie man an Sprache, Körperfülle, Bermudashorts und dem etwas ratlosen Studieren eines Stadtplans erkennen kann. Ich denke kurz darüber nach, ob ich ihnen helfen soll, konzentriere mich jedoch gleich wieder darauf, beim Überqueren des Platzes nicht allzu pietätlos zu wirken.

Ich betrete das Amtshaus und erfahre auf einer Hinweistafel das richtige Stockwerk und die Zimmernummer des für meine Belange zuständigen Amtes. Oben angekommen, ziehe ich eine Nummer und nehme im Wartezimmer Platz. Neben der Eingangstür zur Ausländerbehörde hängt ein Plakat, das vor Taschendieben warnen soll. Darauf zu sehen sind drei Männer – die allesamt an die Filmfigur Borat erinnern – und eine ältere Frau, die große Ähnlichkeit mit Christiane Hörbiger aufweist. Zwei der Männer stehen mit einem Stadtplan in der Hand vor der Frau, während der dritte von hinten in ihre Handtasche greift. In großen Lettern ist zu lesen: „Vorsicht, Taschendiebe!" Und etwas kleiner: „Informieren Sie sich über die Tricks der Ostmafia bei den Wiener Polizeidienststellen". Unwillkürlich muss ich an die amerikanischen Touristen mit dem Stadtplan vor dem Haidermonument denken und vermische die gelesenen Begriffe zu dem unsinnigen Satz: „Amerikanische Taschendiebe informieren sich bei der Ostmafia über die pietätlosen Tricks der Wiener Polizeidienststellen."

In der nächsten halben Stunde betreten und verlassen etwa 15 Personen die Amtsstube. Alle weisen dabei mehr oder weniger die gleichen Symptome auf. Aufgesetzte Freundlichkeit gepaart mit Demut und Unsicherheit beim Betreten, danach Resignation gepaart mit Wut und Verzweiflung beim Verlassen des Raumes. Ich nehme mir vor, beim Hineingehen in die Amtsstube so neutral wie möglich zu wirken.

Ich öffne die Tür und entdecke einen jungen Mann hinter seinem Schreibtsich sitzend, etwa um die 30, auffallend dünn, büroblass, mit schwarzem Pferdeschwanz und einem Mötley-Crüe-T-Shirt. Mein durchaus freundliches „S'Gott" wird – ohne dass der Hardrockbeamte von seinem Computer aufsieht – mit den Worten „Meldezettel, Lichtbildausweis und Beschäftigungsnachweis" beantwortet. Während mein Antrag auf Daseinsverlängerung in Österreich per Computer bearbeitet wird, entdecke ich die üblichen Utensilien, die notwendig sind, um ein Büro menschenwürdig zu gestalten: eine gießfreundliche Topfpflanze auf einem Regal, Urlaubspostkarten der Kollegen an einer Pinnwand und zwei selbstausgedruckte Sinnsprüche, die nebeneinander an der Wand hängen. Inhalt: „Wir sind hier auf der Arbeit – und nicht auf der Flucht!" und „Ich fühle mich wie Robinson Kruso, ich warte jeden Tag auf Freitag", genau so geschrieben.

Ich überlege, ob der Herr vom Ausländeramt Mötley Crüe ebenfalls mit „k" und ohne „e" am Ende schreiben würde. Ein Piepsen auf meinem Mobiltelefon reißt mich aus meinen Spekulationen. Ich werfe einen Blick in den Terminkalender. Eine Sprachaufnahme für einen Werbespot steht heute noch an. Seit Jahren fungiere ich als Off-Sprecher für die sogenannte „Österreichwerbung". Eine Werbelinie, die seit Jahren die Schönheit des Landes und die Freundlichkeit seiner Bewohner anpreist und damit den Fremdenverkehr ankurbeln soll. Warum grade ich als Deutscher diesen Spot seit Jahren sprechen darf, ist mir schleierhaft. Ich nehme meine Papiere entgegen und freue mich schon auf den Slogan, der seit Jahren gleich lautet: „Das muss Österreich sein". Ja, ich weiß, „sein" mit „ä".

Fred Schreiber, geboren 1970 in München, Studium der Archäologie und Alten Geschichte, lebt seit 1996 in Wien. War zunächst Programmgestalter und Moderator bei Ö3 und FM4, seit 2002 diverse TV-Projekte, u. a. *Sendung ohne Namen, Willkommen Österreich – Late Night, Das Wunder von Wien.* Zur Zeit freier Autor, Regisseur, Sprecher und Musiker.

Dösitäten – ein „Mir-san-mir"-Alphabet

Peter Roos über die Selbstgerechtigkeiten der Österreicher

A

Mir san Adabei, am Oarsch, am Sofa, am Land. Mir san Achensee, Attersee. Mir san Alles Walzer. AEIOU. AUA.

B

Mir san die Berg, die Burg, die Beethoven. Mir san Budapester. Mir san Bruckfleisch. Mir san beim Fenster heraus bummvoll.

C

Mir san Chefitäten. Mir san Cafétier. Mir san die Creme. Cremeschnitten. Mir san Cisleithanien.

D

Mir san Dirndln, Dudeln, beim Demel. Mir san dilatorisch. Vor allem samma ned Draußen.

E

Mir san Eitrige. Mir san Erdäpfel. Mir san Extrawurst + Extra mit Gurkerl. Mir san Eichmann. Mir san DafahrtdieEisenbahndrüber. Mir halten Alles in Evidenz.

F

Mir san fadisiert. Mir san fix. Mir san Fischfasch. Mir san Fisolen. Mir san Feschak. Mir san ka Fürstln.

G

Mir san Gfraster. Mir san gschpiebnes Apfelkoch. Mir san Gschnas. Mir san Gschisti-Gschasti. Mir san Grüßdi. Mir san Greißler beim Grindbeisl im Grätzel. Mir san Gackerl auf der gmahtn Wiesn.

H

Mir san Hitler. Mir san Haider. Mir san Hättiwari. Mir san Hinterfotz. Mir san Hundstrümmerl. Händisch. Hantig. Hundertwasser.

I

Mir san Imperial. Mir san Intrigantenstadl. Mir san Indianerkrapfen. Net-amal-ignoriern.

J

Mir san Jänner. Mir san Jausner. Mir san Juden. Mir san Judenhasser. Mir san justament ka Juden. Jö!

K

Mir san Kaiser. Mir san Krone. Mir san Kreisky. Kufstein. Kaffeehaus. Kronländer. Mir san Krampus. Mir san Knacker. Mir san Karfiol. Mir sans Körberlgeld. Mir san Kalbspariser. Knödln. Kardinalsschnitte. Kalbsbeuscherl. Kaiserschmarrn.

L

Mir san Lauda. Mir san Der Lugner. Mir san Lipizzaner. Mir san das Landtmann. Liesenlad. Leiwand! Mir san Lustlaberl. Mir dan lukrieren. Mir san Luster, Lenker, Lungenbraten. Mir san Lacke. Mir san Lackl. Lábor.

M

Mir san Mozart. Mir san Mozartkugerln. Mir san Mehlspeis. Mir san mir. Mohr-im-Hemd. Mir san Monarchie. Mir san Marillen. Mir-san-mir-und-mir-san-immer-die-Mehreren. Mir-san-mir san mir.

N

Mir san Nix. Mir san Nockerl. Mir san Nachzipf. Niki Lauda. Mir san Nierndln. Nix san mir.

O
Oarsch. Opfer. Opernball.

P
Mir san ka Piefke. Mir san Packler. Mir san Powidl. Mir san Paradeiser. Mir san Palatschinke. Mir san Plachutta. Mir san Pfuigack. Mir san Patschenstrecker. Mir san Pickbandl. Mir san picksüß. Mir ham Pantscherl. Mir richten einen Pallawatsch an. Mir san Partezettel. Mir san der Prater. P.t.

Q
Quargl

R
Mir san Rindt, Jochen Rindt. Mir san das Riesenrad, Liesenlad.

S
Sisi san mir. Sacher. SailerToni. Sackerl. Sackerl-fürs-Gackerl. Serwas.

Sch
Mir san Schlawiener.
Mir san Schilling.
Mir san Schwarzenegger.
Mir san Schubladisierer.
Mir san SchmähFührer.
Schmähstad.

St
Mir san Strohrum. Mir san Stanitzl. Mir lassn die Piefke auf die Seifn steigen!

T
Mir san ToniSailer. Tixo. Topfen. Ka Tschuschn. Trenzpattler. Tschapperl. Mir san Tafelspitz-mit-Hinternissen.

U
Ungustl

V
Mir san Veltliner. Mir san Vurschrift. Mir san Vanillirostbraten.

W
Wurstsemmerl

X
Xundbeter

Y
„y, Y: wird österr. beim Buchstabieren auch (als mathematische Unbekannte meist) auf der zweiten Silbe betont, in D nur auf der ersten."
aus:
DUDEN. Wie sagt man in Österreich? Wörterbuch des österreichischen Deutsch. Seite 424. 4., völlig überarbeitete Auflage. Von Jakob Ebner. DUDENverlag Mannheim. Wien. Zürich. Mannheim 2009

Z
Mir san Zumpferl. Zniachterl. Zug-s-verbindung. Zizerlweis.
Z' Fleiß.

Peter Roos, geboren 1950 in Ludwigshafen am Rhein, lebt als freier Schriftsteller und Kulturkorrespondent der Hamburger Wochenzeitung *Die Zeit* in Wien und Marktheidenfeld am Main. Er schrieb unter anderem: *Hitler Lieben. Roman einer Krankheit* und *Der Engel im Kaffeehaus. Herr Robert, Café Landtmann, Wien und die Welt.* Er hält sich seit über 15 Jahren in der österreichischen Hauptstadt auf. Er kam keinesfalls, um zu bleiben. Er kam hierher einzig und allein der Liebe wegen.

Unter Piefkes

Eva Menasse über österreichisches Leben in Deutschland

Ich weiß nicht mehr, wie oft ich das in den letzten Jahren gehört habe, im Taxi und beim Kinderarzt, am Telefon und beim Einkaufen: „Sie sind aus Österreich? Wie schöööön! Ich höre das so gern!"

Die Deutschen nämlich lieben uns. Das ist für den frisch eingewanderten Österreicher die erschütterndste Erkenntnis. Mit allem hat er gerechnet, mit der (daheim sprichwörtlichen) deutschen Arroganz, mit Herablassung, Kälte und Unnahbarkeit, mit schnarrenden Konsonanten und damit, dass er gar nicht recht verstanden wird, denn während wir, dem deutschen Fernsehen sei Dank, längst zweideutschsprachig sind, versteht der bornierte Deutsche noch immer weder „Fisole" noch „Eierschwammerl". So hat man es uns beigebracht: Kochen können sie nicht, lachen können sie nicht, wie zum Ausgleich trinken sie lieblichen Wein, sie sind ein Volk von uncharmant kantigen Perfektionisten (Schumacher! Kahn! Peymann! Steinbrück!), das uns gefühligen Österreichern auf Schritt und Tritt seelisch auf die Zehen steigt und es nicht einmal merkt.

Und dann das. Begeisterungsstürme, sobald man den Mund öffnet. Sie überschütten uns mit Komplimenten zu unserem weichen, gemütlichen Akzent, sie zählen begeistert an den Fingern beider Hände all ihre unvergesslichen Urlaube bei uns auf und bitten in der Folge dringend um Geheimtipps. „Gesäuse? Wie ulkig! Südsteiermark? Das klingt doch prima, Klaus-Jürgen, lass uns gleich nächsten Sommer …", und so weiter. Sie halten uns für geborene Experten in Bezug auf Karl Kraus und Schnitzler, auf Mozart, Freud und Wittgenstein, für ganz Osteuropa sowieso. Sobald aber *wir* auf das zu sprechen kommen, was uns an Österreich beschäftigt, die politische Unkultur, die Medienkonzentration, der latente Rassismus, die einzigartigen Wahlerfolge der Rechten, dann verziehen sie das Gesicht, schütteln abwehrend Kopf und Körper und wollen nichts mehr hören. „Nobody is perfect" und „was sollen wir sagen", scheinen sie zu denken, und vermitteln uns dabei das vollends schockierende Gefühl, überkritisch zu sein mit unserem Land. Wo wir doch aus dem Paradies kommen: weniger Schulden, weniger Kriminalität, weniger Arbeitslose, weniger Ausländer, kaum Neonazis. Das ist die einzige kritische Einschränkung, die all die austrophilen Deutschen, von denen es wimmelt, machen: dass die Österreicher selbst immer so ungnädig sind mit ihrem Land. Denn den negativen Patriotismus („kein Land ist so schlecht wie wir"), den wollen sie seit 1945 doch ganz allein gepachtet haben, die Deutschen.

Als das bestimmende Element der nachbarlichen Beziehungen gilt die Spannung zwischen deutscher Arroganz und österreichischem Minderwertigkeitsgefühl. Nach bald zehn Jahren in Berlin wage ich zu behaupten: Erstere existiert nicht, Zweiteres dagegen sehr wohl. Und beides beschäftigt natürlich nur die Österreicher.

Stellen wir uns eine Schulklasse vor, in der die Körpergröße der einzelnen Kinder der Größe und politischen Bedeutung ihrer jeweiligen Nation entspricht. Der Deutsche blickt sich um, sieht einen Briten, einen Franzosen, einen Spanier, und wenn er sich ein bisschen reckt, dann nickt ihm vielleicht sogar der lange Lulatsch von Amerikaner zu. Dass er mit den unter ihm wuselnden kleinen Österreichern, Belgiern, Schweizern oder Tschechen spielt, kommt ihm gar nicht in den Sinn. Gedankenverloren streicht er ihnen über den Kopf, den süßen Zwergen, sobald ihm einer gegen den Oberschenkel prallt. Das sind die natürlichen deutschen Perspektiven, da steckt kein Arg dahinter. Die Österreicher beschäftigen sich ja auch nicht extensiv mit den Verhältnissen in Andorra oder Luxemburg, was die Luxemburger und Andorraner, jede Wette, ebenfalls tief kränkt.

Der Österreicher jedoch, und hier spielt nun die gemeinsame Sprache eine unselige Rolle, fühlt sich, frisch in Deutschland, wie ein Kuhhirt in der Oper. Wenn er nicht gerade in Bayern, Sachsen oder Schwaben gelandet ist, kommt ihm die eigene Sprache plump und peinlich vor, gegenüber den klaren harten Konsonanten und den schwingenden Diphtongen der deutschen Hochsprache – und gegenüber „Mülleimer" (statt Mistkübel) und „Reinigung" (statt Putzerei) sowieso.

In einem fremden Land springen jedem zuerst die Unterschiede ins Auge. Die Menschen sind anders gekleidet, sie haben andere Gewohnheiten, in Deutschland spricht man zudem gern in Abkürzungen. So sagen sie hier „JottWeDee“ (für „Janz weit draußen“) zu Hintertupfing, „EC-Karte“ zur Bankomat-Karte, sie sagen „Meck-Pomm“, „Hartz Vier“ und „Uhsa“ zu Amerika, ich kenne Kollegen, die ihren Verlag salopp „Ho-Ca“ (für Hoffmann & Campe) nennen, und während ich dies schreibe, sitze ich in der „SBB-PK“, der Staatsbibliothek zu Berlin, Preußischer Kulturbesitz.

In jedem anderen Ausland wären die Unterschiede erträglich, erwartbar, ja geradezu exotisch-sympathisch, doch im gleichsprachigen, dabei aber viel größeren Land überkommt einen automatisch das Gefühl, das, was hier gilt, sei das Feinere, Bessere. Und alles zuhause furchtbar provinziell. Was haben meine Berliner Freunde gelacht, als ich darum bat, „zum Flughafen geführt“ zu werden: „Zum Flughafen führt man bei uns Blinde!“ Was haben mich die Korrektoren meiner Zeitung geneckt, als ich „kontroversiell“ schrieb statt „kontrovers“: „Diese Ösis, nech wahr, immer ein bisschen mehr von allem.“ Und schon Dreijährige hielten mich für jemanden mit schwerem Sprachfehler, als ich „Schiraffe“ sagte.

In anderen Ländern rufen wir begeistert „Yamas“, „Nastrovje“, „Cin-Cin“, doch in Deutschland unser Lieblingsgetränk als „Weißweinschorle“ zu bestellen, ist eine fast unüberwindliche Hürde. Dazu kommt, dass wir (Ost-) Österreicher „Schorle“ gar nicht richtig aussprechen können. Bei uns gibt es ja kaum ein gesprochenes „r“ , nur eine Art „a“ an seiner statt, und „Schoale“ klingt noch schrecklicher. Umgekehrt werde ich nie den Blick des knackigen Kellnerschönlings in einer Kreuzberger Szenekneipe vergessen, als eine Grazer Bekannte, mit mir ins (österreichische) Gespräch vertieft, bei ihm gedankenlos einen „weißen Spritzer“ bestellte. In seinem Ohr klang das wohl wie eine massive sexuelle Belästigung.

Zwar stammt er nicht von Karl Kraus, aber der Satz ist dennoch genial: Der Österreicher unterscheidet sich vom Deutschen durch die gemeinsame Sprache. Gerade auf dem Gebiet des Obszönen gibt es erhebliche sprachliche Unterschiede, die zu ebenso erheblichem Befremden führen können. Erstens: Österreicher fluchen und schimpfen öfter und ungehobelter. Für mich ist es relativ normal,

„Scheiße!" zu sagen, auch wenn mir nur der Schlüsselbund aus der Hand gefallen ist. Die Deutschen zucken da zusammen. Wenn es gar nicht anders geht, flüstern sie geziert „Schiete", oder geben bekannt, ihr Tag sei bisher „eher besch...eiden" gewesen. Umgekehrt traf mich fast der Schlag, als ein hoher deutscher Politiker im Fernsehen sagte: „Da wäre ich doch mit dem Klammerbeutel gepudert!" Ich hatte keine Ahnung, was ein Klammerbeutel ist (der Beutel für die Wäscheklammern, den man in diesem Sprachbild anstelle der weichen Puderquaste benutzt), deshalb klang das in meinem Ösi-Ohr (pudern = vögeln) wie eine sadistische sexuelle Praxis. In Deutschland könnte niemand „Votzi" heißen, in Österreich niemand „Fut". Beide Nachnamen sind im jeweils anderen Land gebräuchlich.

Warum wirkt der (West-) Deutsche arrogant? Denn nicht nur wir Österreicher sind davon zutiefst überzeugt, sondern die Schweizer und die Ossis ebenso. Ich glaube, er ist bloß auf eine hoch effiziente, aber beängstigende Weise schnörkellos. Er spricht nicht in Mäandern, Ellipsen oder Gewölk, sondern er lernt schon in der Schule, sich so kurz und prägnant wie möglich zu halten. Er tastet sich nicht heran, er schlägt sich durch. Deshalb neigt er auch übermäßig der Floskel zu. Gerhard Schröder regierte im Grunde mit drei Sätzen: „Ich will hier rein!", „Das ist Fakt!", „Und damit Basta!"

Dagegen fällt es uns Österreichern seit jeher schwer, zum Punkt zu kommen. Wir scheuen die Eindeutigkeit wie die Motten das Licht. Wir verirren uns tief in höflichen Nebensatzgestrüppen. Als mir letztens im Stiegenhaus, das hier Treppenhaus heißt, ein Klaviertransport entgegenkam, rief der vordere Träger: „Zur Seite, Frau!" In Wien wäre das wohl mindestens ein „Gnädigste, wenn Sie höflichst gestatten" gewesen, egal, wie verschwitzt und außer Atem der Sprecher gewesen wäre.

„Ja und nein", begleitet von einem bedächtigen Hin- und Herwiegen des Kopfes, ist unsere Lieblingsantwort. Wenn es sich irgendwie vermeiden lässt, wollen wir uns nicht festlegen. Wir wollen niemanden kränken, wir wollen „ja nichts gesagt haben, aber ...". Die sprachliche Mehrdeutigkeit vor allem des hinterfotzigen Wieners ist sprichwörtlich. Im Blödeln und Witzeln, im Kalauern und dialektischen Relativieren sind wir Weltmeister, und wenn wir damit anfangen, schaut der Deutsche verständnislos aus der Wäsche.

Wahrscheinlich bringen wir deshalb unverhältnismäßig viele gute Schriftsteller hervor.

Diese sprachlichen Unterschiede sind natürlich Abbild des Charakters. Und solange keine extremen politischen Bedingungen herrschen, gereichen ihre Eigenschaften den Deutschen eher zum Vorteil. Sie sind ein halbwegs transparentes Volk. Sie fragen, wenn sie etwas wissen wollen, sie sagen, was sie denken, und sie nehmen keine übertriebenen Rücksichten darauf, wie das beim anderen ankommen könnte. Eben weil es der andere gewöhnt ist und diese Direktheit keineswegs übel nimmt – so er kein Österreicher, Schweizer oder Ossi ist. Wahrscheinlich fällt es mir deshalb inzwischen leichter, in Deutschland zu leben als in Österreich. Das, was man sieht und hört, ist meistens das, was ist. Keine Hintergedanken, keine versteckte Bedeutung, keine Codes, und viel weniger zur Schau getragene Neurosen. Jedenfalls grosso modo.

Natürlich gibt es auch Exemplare mit ins Kraut geschossenem Nationalcharakter. Es gibt den Deutschen wirklich, der in aller Früh am Pool ein wahrscheinlich extra dafür angefertigtes, fahnenlanges Handtuch über drei Sonnenliegen legt, der sich im Restaurant, den *Langenscheidt*-Schnellkurs der Sprache des jeweiligen Landes in der Hand, herrisch stammelnd das Beschwerdebuch kommen lässt. In letzter Zeit verwiesen mehrmals Schaffner zwölfjährige Kinder bei Nacht und Nebel des Zuges, weil denen ein bisschen Kleingeld oder ihr Schülerausweis fehlte. Das ist sehr deutsch. Vorschrift ist Vorschrift, da werden aus Gesichtern blitzschnell Stahlmasken.

Deutschland ist ein großes Land, und anders als in Österreich kennt man auch nach etlichen Jahren nicht jeden persönlich, der im weitesten Sinne etwas mit dem eigenen Beruf zu tun hat. Gerade die gebildeten Deutschen sind flexibel, sie studieren in München, machen ein Praktikum in Köln, ziehen nach Frankfurt, verbringen ein paar Jahre in Hamburg, nehmen einen Lehrauftrag in Potsdam oder Bielefeld an, da kann man wenigstens von Berlin aus pendeln. Die Fernbeziehung ist normal, die Arbeit, die es bedeutet, den übers Land verstreuten Freundeskreis zu pflegen, auch. Dagegen regiert in Österreich ungebrochen der Wiener Wasserkopf. Man geht nach Wien oder man ist schon dort, weiter geht oder denkt man nicht. Wer sich für zwei Jahre in die Filiale nach Graz oder Linz versetzen lässt, gilt schon als berechnend: Denn von diesem großen Opfer erwartet er sich anschließend gewiss maximale Beförderung.

„Haben Sie nicht schrecklich Heimweh?“, fragen mich die austrophilen Deutschen bedauernd, die nicht fassen können, dass jemand freiwillig aus dem objektiv prachtvollen Wien in das objektiv potthässliche Berlin zieht (potthässlich: wieder so ein passgenaues deutsch-deutsches Wort – „urschiarch“ wäre etwas anderes!). Ich gebe zu, ich sehne mich nach meinen Freunden. Ich sehne mich auch nach bodenständigen Wirtshäusern an jedem Eck, in denen man gefahrlos essen kann, auch wenn man sie nicht kennt (unmöglich in Berlin! Lebensmittelvergiftung!). Überhaupt sehne ich mich nach dem guten Essen, für dessen Zubereitung man sich wahrscheinlich genau die Umstände machen muss, die sich der Norddeutsche in Jahrhunderten abtrainiert hat. Kochen ist österreichisch, ein bisschen hievon, ein bisschen davon, und am Schluss noch einen Schuss vom Gegenteil, kein Entweder-Oder, kein Ganz-oder-Gar-Nicht wie bei den Preußen. Zumindest das Problem mit lieblich und halbtrocken hat sich im Internet-Zeitalter erledigt, man kann den Wein aus Österreich liefern lassen.

Ich entsorge mein Heimweh mit den zwei, drei österreichischen Müttern, die ich auf Berliner Spielplätzen kennengelernt habe. Obwohl wir sonst wenig gemeinsam haben, plaudern wir schon deshalb gern, weil das Zurückschlüpfen ins Österreichische so ist, als lege man kurz ein Korsett ab und atme durch. Denn auch wenn mich die Deutschen immer nach wenigen Worten enttarnen („Sie sind aus Österreich!?“), nehme ich beim Sprechen trotzdem irgendwie Haltung an. Ich artikuliere bewusst, ich benutze sogar das Imperfekt. Ich sage am Spielplatz „Eimerchen“ statt „Küberl“, „Schippe“ statt „Schauferl“. Das geschieht so automatisch, wie meine Mutter den Bauch einzieht, sobald sie fotografiert wird.

Was ich aber keinesfalls vermisse, worüber ich vielmehr täglich froh bin, es los zu sein, ist das Enge, Kleine, Neurotische, das Beleidigte und Verhaberte, das Österreich auf so vielen Ebenen durchzieht. Nur in Österreich werde ich dauernd gebeten, irgendetwas umsonst oder für ganz wenig Geld zu machen, man kennt sich doch und es ist doch für einen guten Zweck. Wenn das nicht zieht, dann kommen sie einem gleich damit, dass es Werbung für einen selbst sei, dass meine Gratisarbeit also schon fast wieder ein Gefallen ist, der mir getan wird.

Nur in Österreich ist es so schwierig, nein zu sagen. Für fast alles scheint es eine moralische Verpflichtung zu geben. Nur in Österreich kann man mit den Leuten aus dem eigenen weltanschaulichen Lager herzhafter verfeindet sein als mit den anderen. Nur in Österreich habe ich das Gefühl, dauernd alles falsch zu machen. Wer den Mund aufmacht, macht sich wichtig, wer sich zurückhält, ist feig. Wer kritisiert, ist ein Nestbeschmutzer, wer lobt, ein Langweiler. Wer zuhause bleibt, ist wohl doch nicht so talentiert, wer ins Ausland geht, ist ein Verräter.

Das Halbdunkel und das Halblaute, dieses Zwischenreich, das ist die österreichische Arena. Oben reden die Großkopferten, die so blöd waren, Politiker, Künstler, Manager oder vergleichbare Wichtigtuer zu werden, während unten im Parkett das Publikum Witze reißt oder im Schutz der Masse buht.

In Österreich weiß jeder über jeden Bescheid. Sozialkontrolle ist Volkssport. Zweimal mit dem falschen Mann im Kaffeehaus, schon kriegt man ein Verhältnis angedichtet. Zweimal ungeschminkt in den Supermarkt, schon halten sie einen für sterbenskrank. Einmal mit dem Bruder im Beisl gestritten, schon munkelt man von „Familienkrieg".

In Berlin dagegen lebt es sich unbehelligt. Wenn es mir nach einer Weile doch zu ruhig und zu vernünftig, zu glatt und zu abgrundlos wird, dann fahre ich nach Wien. Kaum bin ich da, lädt mich der *Club 2* zu einer Haider-Diskussion ein. Ich sage zu, obwohl meine Freundin C. meint, ich mache mich wichtig. Mein Cousin sagt, „geh hin, aber reg dich nicht auf". Das gelingt mir leider nicht, ich rege mich auf und brülle herum. Nachher streite ich mit dem Redaktionsleiter um ein Honorar, starre fassungslos auf zweihundert, teilweise rechtsradikale E-Mails, die noch während der Sendung eingelangt sind und die man mir pflichtschuldigst weitergeleitet hat, finde mich am nächsten Tag als Nestbeschmutzerin in der Kolumne eines senilen Journalisten (für Kolumnisten gibt es in Österreich kein Pensionsalter), schreibe mit Freunden einen Offenen Brief gegen die Wahl eines Rechten zum Dritten Parlamentspräsidenten, befetze mich mit der Innenpolitik-Leiterin einer Zeitung tagelang per E-Mail, die in dem Offenen Brief „linkes Gutmenschentum" wittert, versuche ihr zu erklären, dass „links" und „Gutmensch" nicht automatisch Schimpfworte sind, und so weiter und so fort. Als der Urlaub vorbei ist, bin ich sanatoriumsreif. In Österreich könnte man hauptberuflich wehrhafter Staatsbürger sein. Mit letzter Kraft erreiche ich das Flugzeug in das langweilige, vernünftige, in das psychodynamisch und geografisch so viel flachere Deutschland. Dort stelle ich fest, dass mein Sohn inzwischen sein erstes österreichisches Wort gelernt hat, „pickert". „Honig ist pickert", sagt er stolz zu mir, „und Uhu ist pickert." Und ich seufze: „Österreich auch."

Eva Menasse, geboren 1970 in Wien, war Journalistin für *profil* und FAZ. 1999 ging sie zum ersten Mal nach Berlin, wo sie nach einem kurzen Wiener Zwischenspiel seit 2003 als freie Schriftstellerin lebt. 2005 erschien ihr Roman *Vienna,* 2009 der Erzählband *Lässliche Todsünden.* Verheiratet mit einem Bayern; der gemeinsame Sohn hat (noch) beide Staatsbürgerschaften.

Zur Herausgeberin:
Eva Steffen, geboren 1977 in München. Lebt nach einem Mediävistik- und Buchwissenschaften-Studium seit 2005 als Lektorin in Wien.